Rolf Breitenstein

Shakespeare für starke Frauen

Lady Macbeth, Portia, Titania & Co.

Signum Wirtschaftsverlag

Besuchen Sie uns im Internet unter
http://www.signumverlag.de

Schutzumschlag: Thomas Cerny
Zeichnungen im Innenteil: Thomas Cerny
Satz: Fotosatz Völkl, Türkenfeld
Druck: Jos. C. Huber KG, Dießen
Binden: Thomas Buchbinderei, Augsburg
Printed in Germany
ISBN 3-85436-344-3

Inhalt

Shakespeares Leute: Damenwahl

Sie fänden von der Bühne herab bei uns gute Beschäftigung

Beatrice – Selbstbewusst und Single, steht in »Viel Lärm um Nichts« treu zu ihrer Freundin, behält letztes Wort in Rededuellen mit Benedikt und motiviert ihn, gegen das Böse vom Leder zu ziehen. Berufsperspektive: Talkshowstar.

Helena (1) – Erste Miss World, entfesselte den Trojanischen Krieg. Fans u. a. Homer, Goethe, Offenbach; nicht Shakespeare. Er gönnt ihr nur eine kleine Nebenrolle in »Troilus und Cressida«. Berufsperspektive: Playmate.

Helena (2) – Waisenkind mit Medizinkenntnis und Durchsetzungskraft, heilt in »Ende gut, alles gut« todkranken König, zieht verkleidet durch Europa, fängt mit Trick entlaufenen Ehemann ein. Berufsperspektive: Gesundheitsministerin.

Paulina – Wahrt kühlen Kopf und weibliche Würde, als der Boss im »Wintermärchen« durchdreht, bewahrt seine Frau für ein Wunder auf und sagt, was Sache ist. Berufsperspektive: Vorsitzende des Gesamtbetriebsrats in Konzern.

Portia – Brillante Anwältin, rettet Antonio, den »Kaufmann von Venedig«, vor Shylocks Messer. Herrin von Belmont, einer heiter-harmonischen Gegenwelt zum Big Business. Berufsperspektive: Kultusministerin.

Rosalinde – Freisinniges Mädchen, flüchtet – »Wie es euch gefällt« – aus Hausarrest, bringt athletischem Lover feine Liebesworte bei und vermittelt geschickt und ohne zu lügen Ehen, Friede, Harmonie. Berufsperspektive: Topdiplomatin.

Shakespeares Leute: Männerriege

Auch sie fänden von der Bühne herab
bei uns Beschäftigung

Achill – In »Troilus und Cressida« gefeierter, aber unfairer Held im griechischen Heer vor Troja, lässt Hektor erschlagen, als er nicht kampfbereit ist. Berufsperspektive: nach medizinischer Zusatzausbildung Experte für Achillessehne.

Coriolan – Narbiger Kriegsheld lässt sich gegen seinen Stolz von Mama in quasidemokratischen Wahlkampf treiben, verliert diesen und nach Mamas neuem Zugriff auch sein Leben. Berufsperspektive: wackeliger Militärdiktator.

Hamlet – Neurotischer Königssohn mit Hemmungen bei der Planerfüllung im Auftrag seines vergeistigten Vaters; Wahnvorstellung, er müsse die Welt wieder einrenken. Berufsperspektive: Psychopath, Schauspieler (Kinski-Rolle).

Macbeth – Linkischer Killer, trägt nach Königsmord planwidrig Tatwaffen fort, glaubt an Hexensprüche und Waldwanderung. Berufsperspektive: Public Relation für virtuelle Events.

Oberon – Prototyp eines Machos im »Sommernachtstraum«, spielt seiner Frau Titania übel mit, gleichgültig gegen Umweltprobleme und Kinderseelen. Berufsperspektive: Taliban-Propagandist.

Othello – Hoch gelobter Feldherr Venedigs, brachte einen Türken, seine Frau und sich selbst um; Türkenflotte sank ohne sein Zutun. Berufsperspektive: mit schrecklich rollenden Augen Türsteher an der Reeperbahn.

Shakespeare? Da gibt es kein Halten mehr; schon gar nicht für eine kluge, attraktive Frau:

»Sind Sie der Verfasser der Stücke von William Shakespeare?«, fragt die schöne Viola vorsichtig.

»Der bin ich«, sagt Will.

»Dann küss mich noch mal!«, sagt Viola.

Sie fallen sich in die Arme. They fall in love. They make love. Klassik mit Kick – im Film »Shakespeare in Love«. Auch Johann Wolfgang von Goethe, als es noch keinen Film gab und als er noch kein Klassiker war, hat den Kick verspürt. Kaum hatte er zum ersten Mal ein Stück von Shakespeare gelesen, da fühlte er sich wie ein Blinder, dem eine Wunderhand die Augen für eine neue Welt geöffnet habe.

Diese neue Welt ist Shakespeares Werk: 37 Dramen – Tragödien, Komödien, Historienstücke; dazu Sonette und Versepen. Eine Welt voller Witz, Waffenlärm und Weisheit, lustvoll und mörderisch, deftige Possen und feinste Poesie – 400 Jahre alt und so gut wie neu; von bleibendem Wert. Die erste Sammlung von Shakespeare-Stücken, die »First Folio« von 1623, ist nicht mit Gold aufzuwiegen; ein Exemplar wurde 1989 für 691 040 Pfund Sterling versteigert. Shakespeare ist »eine stabile Aktie an der Literaturbörse«, sagt der Kritiker Marcel Reich-Ranicki. Kein anderer Autor ist so international gängig. Sein Theater in London war »The Globe« – und wer heute Shakespeare draufhat, kann sich global gut sehen lassen.

Seinen sensiblen Hamlet, den eifersüchtigen Othello, den liebevollen Romeo kennt man überall. Solche Typen – sensibel, eifersüchtig, liebevoll oder verrückt wie Lear – trifft man auch in unserem Alltag: in der Firma, in der Disco, in der Familie; aber selten so überzeugend wie bei Shakespeare!

Nur Männer? Gibt's in Shakespeares Welt keine Frauen? Aber doch! Wer kennt nicht Cleopatra oder Lady Macbeth! Aber wer weiß, dass Julia umsichtiger war als

Romeo, die Feenkönigin Titania umweltbewusster als Oberon, Cordelia tapferer als ihr verrückter Vater Lear? Viele kluge, wackere, erfolgreiche Frauen des großen Dramatikers stehen im Schatten. Das ist unfair – und dumm; denn wir können uns an ihnen begeistern, von ihnen lernen. Mit diesem Buch möchte ich Shakespeares starke Frauen in ein besseres Licht rücken. Sie sind es wert!

Shakespeare (1564–1616) war ein Mann für viele Frauen. Königin Elisabeth I. war seine beste Kundin. Bürgerinnen und einfachen Frauen, auch wenn sie nicht lesen konnten, gaben seine Stücke neue Anregungen mit in ihr Alltagsleben – mehr Selbstvertrauen in einer patriarchalisch verstockten Gesellschaft. Shakespeare war kein Revolutionär, aber als Künstler auch ein Reformer. 1975 hat die englische Professorin Juliet Dusinberre mit dem Kampfruf »Shakespeare, der Feminist!« sein gesellschaftspolitisches Wirken gewürdigt und zugleich eine Bresche in das traditionell männlich geprägte Verständnis elisabethanischer Dramatiker geschlagen. Auf dem noch langen Weg zur Emanzipation waren Shakespeare und seine Kollegen der Gesellschaft voraus. Damit können sie sich noch heute und künftig sehen lassen; besonders bei Frauen, die Klassik mit Kick zu schätzen wissen.

Shakespeare zeigt Macht und Ohnmacht der Herrscher, Not und Glück kleiner Leute – wie das Rad des Schicksals sich dreht. Er ist immer aktuell. »Manchmal sollte man glauben, Shakespeare sei ein heutiger Dichter«, fand schon Heinrich Heine. Viele seiner Mädchen und Frauen könnten glatt von der Bühne herunter in unseren Alltag treten, bei Liebe, Lust und Leid mitmischen; zeigen, wie schwach manche Männer sind, die so stark daherkommen. Selbstbewusst und entschlossen könnten manche von ihnen Topjobs in unserer Gesellschaft übernehmen.

Portia beispielsweise: eine souveräne junge Frau, schön, reich und gewitzt, würde in Jeans und großem Abendkleid gleich gut Figur machen; oder in Anwaltsrobe, wie sie in »Der Kaufmann von Venedig« auftritt. Da blicken alle auf Shylock – ob man den Juden blutrünstig geben soll oder als Opfer einer arroganten christlichen Kaufmannsschaft; schwierig, besonders in Deutschland. Tatsächlich hatte sich Shakespeare ihn eher als komische Figur vorgestellt. Portia ist die Lichtgestalt des Stücks. Wie kühn sie eingreift und Antonio vor Shylocks Messer rettet, wie sie die Ansprüche des Juden mit juristischer Raffinesse demontiert und wie sie Belmont repräsentiert, eine feministisch-kultivierte Welt voller Harmonie und Musik, fern vom venezianischen Big Business – das verdient Bewunderung. Die Juristinnen von heute sollten Portia zu ihrer Schutzpatronin erheben!

Sie musste sich als Mann verkleiden, um damals vor Gericht zugelassen zu werden; damit zeigte sie zugleich ihrem Bräutigam, wer die Hosen anhatte! Heute, schaut man in die Straßen, gehen 90 von 100 Frauen hierzulande in Hosen. Damals wechselte mit der Kleidung auch das Bühnengeschlecht. Frauenrollen wurden von jungen Burschen gespielt – die mit den Hosen ins eigene Geschlecht zurückfanden; wie Viola in »Was ihr wollt«. In »Wie es euch gefällt« gab der Bursch, der Rosalinde spielte, als Bursch verkleidet gar ein Mädchen, um sich einen Ringkämpfer zum feinsinnigen Lover zu erziehen. Shakespeare und sein Publikum liebten dieses wechselhafte Geschlechterspiel, und die androgynen Typen mussten sich damals nicht wie Michael Jackson heute die Nasen ramponieren, um zu überzeugen.

Wer meint, die ganz persönliche Inszenierung von Politik sei eine Sache unserer Tage und von Männern wie Ronald Reagan, sollte sich »Antonius und Cleopatra« anschauen. Als 19-Jährige war Cleopatra schon Caesar vor die Füße gerollt. Dann zeigt Shakespeare, wie sie sich für Antonius mit einer Pracht inszeniert, dass es dem Römer den Atem verschlug, und für Octavian, um ihm durch eine finale Apotheose der Liebe seinen Triumph zu versalzen. Sie war eine Staatsfrau, die einen imperialen Traum mit Sinneslust zu verknüpfen wusste.

Mancher von uns kennt den »Sommernachtstraum« als Schule für Liebe, Ehe und Partnerschaft; mit Irrungen und Wirrungen und einem Kobold, der seit 400 Jahren so zauberhaft daherkommt wie neuerdings Harry Potter. Wir kennen Ophelia, die in »Hamlet« untergeht. Doch wer kennt Paulina? Shakespeare hat sie für »Das Wintermärchen« geschaffen, um »für weibliche Würde und natürliche Klugheit gegen männlichen Wahnsinn einzutreten«. So schätzt Prof. Frank Kermode, ein hervorragender englischer Shakespearianer, diese Frau ein. Sie ließ sich auch von einem blindwütigen König nicht unterkriegen und sorgte für ein wunderbares Happy End.

Shakespeare hat brutale Rezepte zu »Der Widerspenstigen Zähmung« vorgeführt. Doch viele seiner Frauen treten frei aus dem damaligen Gesellschaftskodex heraus. Sie sollten auch heute auf den Bühnen stärker hervortreten, Shakespeares Texte geben ihnen mehr Spielraum, als die meisten Regisseure ihnen gönnen.

Junge Frauen steckten seinerzeit in einem Dilemma: Sie hatten nur auf eine Ehe hin zu leben, durften sich aber keinem Mann für eine Ehe bemerkbar machen. Shakespeare zeigte in »Ende gut, alles gut« überzeugend, wie eine verwaiste Arzttochter aus diesem Paradoxon ausbricht und sich den Mann verschafft, den sie haben will. Sogar der Dramatiker George Bernard Shaw, der sonst von Shakespeare und von Frauen nicht viel hielt, hat sich für diese Helena als Vorläuferin der modernen Frau hellauf begeistert. Wie Helena einen todkranken König heilt und hinter ihrem entlaufenen Ehemann durch Europa zieht – das erforderte mehr umsichtigen Mut als heutzutage das Härtetraining macher Firma für ihre Mitarbeiter.

Shakespeare-Land ist voller Abenteuer. Da wird gemordet wie im Krimi und gefeiert wie beim Opernball; mit Liebespaaren, Königen und Narren, Handwerkern, Elfen und Hexen. Manchmal geht's bei Königs zu wie bei Hempels unterm Sofa und manchmal vollbringen Mädchenfrauen wahre Wunder: Marina kommt in »Pericles« unbeschadet durchs Bordell und zivilisiert dann den ganzen Rotlichtbezirk. Sie ist eines von Shakespeares jungen Mädchen, die ihre allein erziehenden Väter in Krisen aufzurichten wissen. Und wo es keine Frauen gibt, geht selbst der superreiche »Timon von Athen« Pleite.

Diese Dramen sind so randvoll von Poesie und fachkundiger Realistik, dass mancher Kritiker meint, ein Mann allein habe so etwas nicht schaffen können; jedenfalls nicht der Landjunge William aus Stratford-upon-Avon; da hätten wohl andere unter seinem Namen gewirkt. Doch bei Millionen von Menschen rund um den Globus gilt Shakespeare als größter Dramatiker und Dichter aller Zeiten. Prof. Harold Bloom, ein Shakespeare-Experte aus den USA, schreibt dem Barden sogar »the invention of the human« zu: Statt lyrisch behängter Kleiderpuppen brachte er Menschen in ihrer Entwicklung auf die Bühne und gab so Anstöße für eine Neuorientierung von Menschen in der Gesellschaft. Im Film »Shakespeare in Love« befand Königin Elisabeth, dass er sogar die Wette gewonnen habe, ob man echte Liebe auf der Bühne zeigen könne; Shakespeare konnte es!

Wer Shakespeare nicht kennt und seine starken Frauen, versäumt viel. Hätte der große Julius Caesar auf seine Frau Calpurnia gehört, dann hätten seine Mörder vergeblich auf ihn gelauert. Doch das ist schon das nächste Kapitel …

R. B.

Mr. WILLIAM
SHAKESPEARES
COMEDIES,
HISTORIES, &
TRAGEDIES.

Published according to the True Originall Copies.

LONDON
Printed by Isaac Iaggard, and Ed. Blount. 1623.

Shakespeare: Titelheld der First Folio Edition von 1623; die erste Sammlung seiner Dramen

Große Männer mit vielen Schwächen

Vergebliche Warnung

»Ihr müsst heut keinen Schritt vom Hause weichen!«

Julius Caesar
Er hört nicht auf seine Frau, das kostet ihn das Leben

Kranke Männer machen Weltpolitik. Caesar hatte epileptische Anfälle und war halb taub. Napoleon hält sich bis heute auf Standardbildnissen den nervösen Magen. Die letzte russische Zarenfamilie war mit der Bluterkrankheit geschlagen und suchte Hilfe beim dämonischen Wundermann Rasputin. Der deutsche Kaiser Wilhelm II. wollte seinen verkrüppelten Arm durch Säbelrasseln vergessen machen. Der amerikanische Präsident Franklin D. Roosevelt regierte vom Rollstuhl aus, der auf öffentlichen Fotos nicht gezeigt wurde. John F. Kennedy trug ein Stützkorsett und seine Haut war nicht von Sonne, sondern von fataler Krankheit gebräunt. Der englische König Richard III. ist ein Krüppel, kein Mann für Tanz und frohe Feste, sodass er in Shakespeares Drama sofort mitteilt:

»Ich bin entschlossen, mich als Schurke zu erweisen!«

Neben körperlichen Gebrechen haben mächtige Männer oft psychische Schwächen: Größenwahn in der Tradition von Louis XIV. (»Der Staat bin ich«), arrogante Besserwisserei mit unglücklichen Folgen, korrupte Geldgier, Vetternwirtschaft, Schwierigkeiten im Umgang mit Frauen und mit der Wahrheit, brutale Rücksichtslosigkeit; auch Aberglaube. Caesar befragte die Opferpriester, Fürst Wallenstein verließ sich auf seinen Astrologen Seni. Und was mancher Politiker heutzutage verkündet, klingt fast, als hätte er es aus dem Kaffeesatz gelesen.

Gaius Julius Caesar (100–44 v. Chr.) war einer der mächtigsten Männer der Weltgeschichte. Er war politisch und militärisch hoch aktiv und hat das in ausführlichen Berichten wie »De bello Gallico« beschrieben; damit plagen sich Lateinschüler heute noch. Vom Beinamen »Caesar« des berühmten Mannes aus dem altrömischen Adelsgeschlecht der Julier sind imposante Titel abgeleitet: Kaiser und Zar; aber auch »Cäsarenwahn« als Krankheit von Herrschern, die in ihrer Höhenluft durchdrehen; das gibt es auch heute, auch schon in kleinen Betrieben und Behörden.

Caesar hat seinerzeit ganz Gallien erobert (bis auf das kleine Dorf, in dem Asterix und Obelix wohnten). Er ist über den Rhein zu den Germanen und über den Ärmelkanal auf die Britischen Inseln vorgestoßen; das haben später weder Napoleon noch Hitler gewagt. Er war in Afrika, in Kleinasien und in Ägypten bei Cleopatra im Bett (einen Sohn gezeugt, nicht anerkannt, später hingerichtet).

William Shakespeare zeigt in seinem spannenden Drama »Julius Caesar« den Mittfünfziger in Rom, das ein halbes Jahrhundert vor Christus das Zentrum der hier bekannten Welt war. Caesar – ein Mann voller Macht, der sich als unwandelbaren Fixstern der Welt empfindet, vielleicht gar unsterblich; aber mit menschlichen Schwächen. Auf dem linken Ohr ist er taub, und wenn die epileptischen Anfälle kommen, hat er Schaum vorm Mund und jammert im Fieber wie ein Kind nach Wasser. Von seiner unschlagbaren Kraft in jedem Element überzeugt, rief er eines Tages den Römer Cassius zum Wettschwimmen. Doch vorm Ziel, so berichtet Cassius, versagten Caesars Kräfte. Er wimmerte um Hilfe. Cassius musste ihn ans Ufer schleppen. Auf groteske Selbstüberschätzung folgen oft jämmerliche Zusammenbrüche!

Er hat viele Schlachten gewonnen und viele Haare verloren. Diesen Verlust verbirgt er gern unter Lorbeerkränzen. Gesichtspflege. Imagekosmetik, um die selbstbewusste Erscheinung zu stärken. Wäre dazu eine Krone nicht noch besser geeignet? Will der Imperator eine Krone? Eine Dynastie gründen, mit seinem Neffen und Adoptivsohn Octavian als Erben?

Dieser Verdacht – und manches andere, was Männer bewegt – treibt traditionsbewusste römische Republikaner unter Führung von Brutus und Cassius zur Verschwörung, um Caesar zu ermorden: am 15. März 44 v. Chr., auf dem Kapitol in Rom. Wird Caesar zur Senatssitzung kommen, nichts merken, sterben?

Das entscheidet sich in Shakespeares Drama im zweiten Akt, zweite Szene. Ein Zimmer in Caesars Palast. Draußen Blitz und Donner. Caesar im Nachthemd.

Caesar: »Die Nacht hat Erd und Himmel Krieg geführt. Calpurnia rief im Schlaf dreimal laut: ›O helft! Sie morden Caesar.‹ – Niemand da?«

Wird er sich von Donner und Blitz warnen lassen, von Wahrsagern und Auguren, die Eingeweide von Opfertieren übel deuten? Oder von seiner Frau Calpurnia, die ihn bedrängt:

»Ihr müsst heut keinen Schritt vom Hause weichen!«

Schreckliche Vorzeichen. Eine Löwin warf Junge auf offener Straße. Das Gewitter tobte, als kämen Tote aus ihren Gräbern und ließen in den Wolken die Waffen klirren.

Calpurnia: »Kometen sieht man nicht, wenn Bettler sterben …«

Caesar: »Der Feige stirbt schon vielmal, eh er stirbt, die Tapferen kosten einmal nur den Tod.«

Große Worte. Ein starker Dialog – ist ja auch von Shakespeare, dem Meister dramatischer Rhetorik! Caesar und seine Frau haben sich damals kaum so unterhalten. Shakespeare malt die politisch schwüle, gespannte Atmosphäre, die in Rom herrschte, mit Worten, mit Dialogen, mit Gesten und mit Theaterdonner aus.

Calpurnia kniet. Sie bittet. Caesar gibt nach:

»… und dir zulieb will ich zu Hause bleiben.«

Heute kein Attentat? Erzwingt eine Frau einen anderen Lauf der Weltgeschichte? Da lässt Shakespeare rasch einen Römer kommen, heimlich mit Brutus im Bunde, um Caesar zum Kapitol abzuholen; der spottet, dass Caesar sich von Ängsten seiner Frau einfangen lasse. Er legt ihre Träume, das Blut, das sie aus vielen Wunden Caesars strömen sah, neu und für Caesar günstig aus. Er lockt mit einer Krone. Was wird man denken, wenn Caesar nicht in den Senat kommt! Welcher Imageschaden, der da droht!

Imageschaden ist ein Schreckgespenst für große Männer, die zur Profilneurose neigen; damals wie heute. Caesar hält sich für das standfesteste Stück der Welt. Tatsächlich schwankt er zwischen zwei Schwächen: ängstlichem Aberglauben und eitlem Ehrgeiz. Angst vorm Imageschaden und Lockungen einer Krone sind stärker als alle Warnungen. Caesar geht und wird ermordet.

Calpurnia hat umsonst gefleht. Frauen hatten damals in Rom öffentlich wenig Stimme.

Auch Portia, die Frau von Caesars Gegenspieler Brutus, muss mächtig in ihren Mann dringen, damit er ihr enthüllt, was sein Sorgengesicht und das nächtliche Geschleiche von Männern im Haus bedeuten. Sie klagt:

»Wohn ich denn nur in der Vorstadt Eurer Zuneigung?«

Ein anschauliches Bild – und deftig für Shakespeares damaliges Publikum: In den *suburbs*, in den Vorstädten, wohnten die Huren. Also, will Portia wissen, taugt sie ihrem Brutus für Bett, Tisch und gelegentliche Plauderei, aber nicht für seine Sorgen und Geheimnisse?

»Des Brutus Dirne nur und nicht sein Weib?«

Selbstbewusst besteht sie auf ihrer Position als Catos Tochter, mit Brutus vermählt.

»Ich habe meine Stärke hart geprüft,
Freiwillig eine Wunde mir versetzend
Am Schenkel hier: Ertrüg ich das geduldig
Und ein Geheimnis meines Gatten nicht?«

Zeigt das die Stärke einer Frau? Brutus lässt sich von ihrem leidenschaftlichen Stolz überzeugen.

»Ihr Götter, macht mich wert des edlen Weibes!«

Er wird ihr alles enthüllen. Das bringt ihr erst die Sorge, ob das Attentat gelingt; dann die Furcht, was aus ihr werden soll: Denn trotz gelungenem Anschlag gewinnen – im Drama viel schneller als in der Geschichte – Caesars Parteigänger die Oberhand, voran sein Adoptivsohn Octavian und sein Freund Mark Anton. Brutus und seine Verschwörer flüchten aus Rom. Portia, allein, im Ungewissen, bringt sich um. Sie schluckt glühende Kohlen. Ein schrecklicher Tod einer stolzen Frau.

Die Todesnachricht erreicht Brutus vor der Entscheidungsschlacht gegen das Heer von Octavian und Mark Anton. Aus seinem Schmerz entspringt zornige Wut. Die lässt er an seinem Mitverschworenen Cassius aus. Er wirft ihm Korruption vor, verwirft die Strategie dieses gewieften Planers. Brutus setzt seine Schlachtplanung durch und verliert. Den Verschwörern bleibt nur der Selbstmord durch das Schwert.

Shakespeare hat Calpurnia und Portia nur schwache Nebenrollen gegeben. Das entspricht der Rolle der Frau im antiken Rom: Eine starke Stellung im Haus, auch bei der Erziehung der Kinder – aber in der Öffentlichkeit hatten die Männer die Macht und das Wort.

Das Schwert galt viel, doch auch das geschliffene Wort. Caesar war auf Rhodos bei einem Rhetor in die Lehre gegangen und hatte sich in Rededuellen im Senat bewährt. Auf diese rhetorische Tradition der Römer gestützt, im Kontrast zum Schweigen ihrer Frauen, schrieb Shakespeare für sein Drama, was viele Kenner für die beste, wirkungsvollste Ansprache aller Zeiten halten: die Rede des Mark Anton an der Leiche Caesars.

Sofort nach dem Attentat hat Brutus der Volksmenge erklärt, er habe Caesar geliebt, aber Rom noch mehr. Caesar sei herrschsüchtig gewesen, deshalb habe es die Ehre verlangt, ihn zu erschlagen. Der Kernsatz seiner kurzen, vernunftbezogenen Rede:

> *»Weil Caesar mich liebte, wein ich um ihn; weil er glücklich war, freue ich mich; weil er tapfer war, ehr ich ihn; aber weil er herrschsüchtig war, erschlug ich ihn.«*

Die Volksmenge ist zufrieden und jubelt Brutus zu:

> *»In Brutus krönt ihr Caesars bessere Gaben.«*

Dann lässt Brutus den Mark Anton sprechen. Ein schwerer taktisch-psychologischer Fehler. Mit einer großen demagogischen Rede wendet Mark Anton die Volksstimmung. Er spricht emotional, als Freund Caesars: von Caesars Größe, wie sehr er das Volk und deswegen das Volk auch ihn liebte. Er weist Caesars von Dolchen der Verschwörer zerfetzten Umhang vor, die blutenden Wunden des Toten. Er zaubert ein Testament Caesars hervor, in dem jeder Bürger bedacht ist. Das Schlagwort »ehrenwerte Männer«, das Brutus für sich und seine Verschwörer prägte, münzt Mark Anton mit solchem rhetorischen Geschick um, dass es wie verräterische Schurken klingt. Er trifft die Seele der Volksmenge, auch ihre Habgier. Er reißt sie mit:

»Oh, edler Caesar! – Kommt, rächt seinen Tod!«

Eine große Rede. Eine große Leistung Shakespeares als Redenschreiber! Was Mark Anton wirklich gesagt hat, ob er ein Testament zur Hand hatte, ob er überhaupt eine wirkungsvolle Rede gehalten hat, weiß man nicht. Auch der spätere Biograf Plutarch (50–125 n. Chr.) war für Shakespeare dafür keine sichere Quelle.

Viele Schauspieler und manche Politiker haben sich bis in unsere Tage an dieser Rede geschult; auch Hitler, der Demagoge mit den wilden, pathetischen Gesten – und einem unheimlichen Gespür für das, was Massen hören wollen. Im Zeitalter des Fernsehens kommt demagogisches Pathos weniger an, weder auf der Bühne noch in der Politik. Aber Rhetorik, die Kunst der überzeugenden Rede, bleibt in Politik und Gesellschaft von großer Bedeutung.

Könnten Frauen wie Brutus reden? Oder wie Mark Anton? Wohl kaum. Frauen bringen sich anders zum Ausdruck – wenn sie den Mut und die Gelegenheit dazu finden. Beides, Mut und Gelegenheit, gibt es für sie in Shakespeares Dramen. Nicht wenige seiner starken Frauen wissen mit wohl gesetzten Worten große Wirkung zu erzielen – die souveräne Portia im »Kaufmann von Venedig« kaum weniger eindrucksvoll als Mark Anton in »Julius Caesar«.

Othello

Musste sich denn Desdemona stillschweigend erwürgen lassen?

Wenn die Kommunikation versagt, finden Menschen sich nicht mehr zurecht. Dann ist die Katastrophe nicht mehr fern; im Alltag wie in Shakespeares Dramen.

In den ersten Januartagen 2002 ging ein Mann mit seinem neunjährigen Sohn in der Nähe von Blackpool in England am Strand spazieren. Plötzlich kam dichter Nebel auf. Sie verloren die Orientierung zwischen Meer und Land – zwischen steigender Flut und Rettung. Über ihr Handy bekamen sie Kontakt mit Polizei und Küstenwacht. Man war im Gespräch, aber man konnte sich nicht verständigen. Keine Orientierung. Kein Ausweg. Vater und Sohn sind ertrunken.

In Shakespeares Dramen sterben Romeo und Julia, weil ein Bote mit der Nachricht, wann Romeo seine Julia – die scheintot in der Familiengruft der Capulets liegt – wieder in die Arme schließen soll, Romeo nicht erreicht.

Romeo und Julia war als *star-crossed lovers* aus zwei tödlich verfeindeten Familien ihr Schicksal vorgezeichnet. Othello und Desdemona hingegen hatten ihre Chance, auch wenn sie aus unterschiedlichen Welten kamen: Er ein Mohr (oder Maure), stark, tapfer, an Militärdienst und Mythen gebunden; sie eine weiße, feine, neugierige venezianische Senatorentochter. Hätten sie nicht aus gegenseitiger Bewunderung, Zuneigung und dem, was sie für Liebe nahmen, eine gute vertrauensvolle, belastbare Beziehung entwickeln können? Sie waren heimlich verheiratet. Ob die Ehe je vollzogen wurde, ob die beiden physisch zueinander fanden und Impulse aufnehmen konnten, um psychisch ihre unterschiedlichen Lebenswelten zu verknüpfen, ist unklar; immer kam etwas dazwischen. Aber es ist offensichtlich, dass sie keine Einstellung zueinander fanden, die eine gute Kommunikation ermöglicht hätte; besonders in einer Krise, wenn Verständnis und Verständigung bitter notwendig sind.

Othello und Desdemona wählen in ihren Gesprächen die falschen Worte und reden damit die Katastrophe herbei. So wie im Alltag bis heute die meisten Menschen davon ausgehen, dass das, was sie aus ihrem Verständnis heraus und auf ihre Weise oft unpräzise kundtun, bei anderen – Kollegen und Freunden, bei der eigenen Frau oder beim eigenen Mann – genau so aufgefasst wird, wie es gemeint ist.

Das ist ein Irrtum. Ein schwerer Fehler. Wo passende Einstellung zueinander, wo eine gemeinsame Wellenlänge fehlt, ergänzt um hinreichende Empathie, um Reaktionen des anderen richtig einzuschätzen, da wird aneinander vorbeigeredet. Die Kommunikation zerfällt; die Verständigung misslingt, das Verständnis füreinander sinkt. Was sich faktisch hätte erkennen und regeln lassen, stürzt durch verfehlte Kommunikation die Beziehung mehr und mehr in Misstrauen und Unglück.

Wie das abläuft, zeigt Shakespeare in Akt III, Szene 4, seines Dramas in einem Schicksalsdialog. Es scheint um Kleinigkeiten zu gehen: ein Taschentuch, den Dienstrang eines Offiziers. Tatsächlich reiben sich Othello und Desdemona an diesen Kleinigkeiten auf – wie manche Paare im heutigen Alltag – und reden sich ins Misstrauen hinein.

Othello verlangt, dass Desdemona ihm das zauberhafte Taschentuch zeigt, das er ihr schenkte und das ihr abhanden kam; Desdemona hingegen drängt, dass er Leutnant Cassio, den Othello wegen Trunkenheit im Dienst degradiert hat und den sie einen netten Kerl findet, wieder in sein Amt einsetzt. So redet jeder seine Sache, jeder am anderen vorbei; und wo einer die Worte des anderen aufnimmt, werden sie missverstanden.

Desdemona: »Ich ließ den Cassio rufen, dich zu sprechen.«

Othello: »Mich plagt ein widerwärt'ger, böser Schnupfen. Leih mir dein Taschentuch.«

Desdemona: »Hier, mein Gemahl.«

Othello: »Das, welches ich dir gab.«

Desdemona: »Ich hab's nicht bei mir.«

Othello: »Nicht?«

Dann schildert er eindringlich, welche Zauberkraft in dem Tüchlein stecke. Seiner Mutter habe es die Liebe ihres Mannes gesichert und sterbend gab sie es Othello, damit er der Liebe seiner Frau gewiss sei. Desdemona staunt. Sie wird von Furcht ergriffen.

Othello: »Ist's fort? Verloren? Sprich! Ist's nicht vorhanden?«

Desdemona: »Gott helf uns!«

Othello: »Nun?«

Desdemona: »'s nicht verloren, wenn's nun aber wäre?«

Othello: »Ha!«

Desdemona: »Ich sag, es ist noch da.«

Othello: »Dann hol es, zeig mir's!«

Desdemona: »Das könnt ich, Herr, allein ich will es nicht. Mit solchem Kunstgriff weichst du mir nicht aus: Ich bitt dich, nimm den Cassio wieder an!«

Othello: »So hole mir das Tuch, mir ahnet Schlimmes.«

Desdemona: »Sei gut: Du findst nicht wieder solchen tücht'gen Mann.«

Othello: »Das Tuch!«

Desdemona: »Er ist ein Mann, der all sein Glück von je auf deine Freundschaft hat gebaut ...«

Othello: »Das Tuch!«

Desdemona: »Fürwahr, du tust nicht Recht!«

Othello: »Hinweg!«

Die beiden ahnen nicht, dass Jago sie in diese Szene getrieben hat. Jago ist der Marionettenspieler des Dramas. Othello hat seinen Fähnrich Jago bei der Beförderung übergangen und Cassio vorgezogen. Jago will Rache. Er treibt Othello in »grünäugige Eifersucht«, Cassio in Trunkenheit – und nach Verlust seines Amtes zu Desdemona, damit sie sich bei Othello für ihn verwende.

Nun gibt es für Othellos Eifersucht einen Verdächtigen: Cassio. Und für Desdemonas Untreue scheinbar einen Beweis: das Tüchlein. Als sie das unselige Taschentuch verlor, hat ihre Zofe Emilia es aufgehoben und ihrem Mann Jago gegeben. Jago spielt es Cassio in die Hände, damit Othello es dort sieht – mit eigenen, eifersüchtigen Augen.

Das Drama heizt sich schnell auf. Othello kommt, einen Leuchter in der Hand, ins Schlafzimmer:

»Hast du zur Nacht gebetet, Desdemona?«

Sie soll nicht in ihren Sünden sterben, aber sterben soll sie! Er wirft ihr vor, sie habe Cassio das Tüchlein gegeben, und behauptet, Cassio habe seine unerlaubte Beziehung zu ihr gestanden, bevor er starb.

Desdemona: »O Gott! Er ist verraten, ich bin verloren!«

Othello: »Ha, Metze! Weinst um ihn vor meinen Augen?«

Wieder missverstandene Worte, verfehlte Kommunikation. Wenige Worte später erwürgt Othello seine Frau. Vergeblich hatte sie um ein letztes Stündchen Zeit gefleht.

Ein Viertelstündchen, meint die Autorin Christine Brückner in ihrem Buch »Wenn du geredet hättest, Desdemona«, hätte genügt! Sie hat Desdemona dafür eine kluge Verteidigungsrede geschrieben: stolz, geschickt, nicht nur mit Worten, auch mit Körpersprache – und mit vielen treffenden Sätzen zu Othellos Stärken und Schwächen. Das sind Christine Brückners wichtigste Worte und Wendungen für Desdemona:

»Du glaubst einem Fetzen Stoff, den man benutzt, die Nase drin zu schneuzen, die Stirn zu trocknen oder die Tränen abzuwischen. Habe ich einen Stoffhändler zum Mann, einen Leineweber? … Wäre ich schuldig, würde mein Tod deine Eifersucht nicht lindern, bin ich aber unschuldig, fällt alle Schuld auf dich, du wirst nicht weiterleben können … Neben dir wurden alle Venezianer blass und kränklich … Glaubst du, du wärest durch einen Mann wie Cassio zu ersetzen? Kennst du deinen Wert nicht, Othello? … Ich hatte einen starken Mann gewählt, und jetzt bist du so schwach, Othello … Du glaubst jedem, wenn er nur flüstert, auf der Stiege, in den Gassen … Vielleicht ist alles nur das Werk des Jago, der eifersüchtig ist auf deine Macht und auf dein Glück … Ich frage dich: Willst du als Mörder in die Geschichte eingehn? … Wenn du taub bist, Othello, wenn du meine Worte nicht verstehst und nicht die Sprache meiner Augen, verstehst du dann die Sprache meiner Hände noch? Lass meine Finger mit deinen Fingern reden, meine Lippen mit deinen Lippen … Du bist ein Mann wie andere Männer auch. Du bist verletzlich, und ich weine, weil ich schuld bin, dass du als ein Verletzter vor mir stehst … Jetzt habe ich kein Tuch für meine Tränen, leih mir deines … Hast du kein Taschentuch? … Soll ich dir suchen helfen? … Halt still … Du bist schon wieder nackt unter deinem Wams …«[1]

Dann müssen beide lachen und werden sich lieben, vergeben, verstehen, verständigen. Doch Desdemona fand die Worte nicht, die vielleicht Gehör hätten finden können; zu unerfahren, zu ungeschickt, zu scheu. Sie starb stillschweigend.

Nicht ganz. Sie sagte noch:

»Ich sterbe schuldlos.«

Und als die Zofe fragte, wer es getan habe:

»Niemand … ich selbst … leb wohl … empfiehl mich meinem güt'gen Herrn! Leb wohl!«

Es war sinnlos, Othello mit dem letzten Atemzug noch freisprechen zu wollen. Mord und Mörder waren offenkundig. Doch die Worte zeigen Desdemonas uneigennützige moralische Kraft und die ungebrochene Stärke ihrer Liebe zu Othello. Ihre Stärke hatte sie schon früher unter Beweis gestellt: als sie den dunkelhäutigen Othello heimlich heiratete, gegen die patriarchalischen Normen und gegen die Konventionen der venezianischen Gesellschaft; demonstrativ dann, als sie vor dem Senat treu zu Othello stand, jeden Vorwurf einer Verführung gegen ihn zurückwies und durchsetzte, dass sie ihn auf sein Kommando nach Zypern begleiten durfte.

Das alles ist Othello in seiner »grünäugigen Eifersucht« aus dem Blick geraten. Zu spät begreift er, wohin Jagos Intrigenspiel ihn gebracht hat. Da setzt er dann die Kraft ein, die immer seine Stärke war: die Kraft der Waffen. Er tötet sich mit seinem Dolch.

Hamlet, Prinz von Dänemark

Mit zwei Frauen kratzte Sigmund Freud Shakespeares Ruhm als Autor an

»Hamlet« ist ein Stück unter Männern; jedenfalls auf den ersten Blick. Im Mittelpunkt der Tragödie auf Schloss Helsingör steht der dänische Kronprinz Hamlet. Er fühlt sich aufgerufen, die Ermordung seines Vaters zu rächen; und außerdem die Welt, die zwischen Mittelalter und Neuzeit aus den Fugen geraten ist, wieder einzurichten.

Dieser Hamlet hat als Prototyp des fragenden und forschenden, zweifelnden und verzweifelten Intellektuellen, mehr reflektierend als zügig handelnd, über das Stück hinaus längst eigenes Profil und Anerkennung erlangt; besonders in Deutschland: weil er eine Herausforderung annimmt, die über seine Kräfte geht, nach Freiheit lechzt und tiefsinnig grübelnd durch schnöden Schein zur Wahrheit durchstoßen will. Gustaf Gründgens, mancher andere, 1990 auch Angela Winkler, haben Hamlet auf deutschen Bühnen Gestalt gegeben.

Dann sind da noch (als Geist) Hamlets toter Vater, der alte König Hamlet, dessen jüngerer Bruder Claudius, der ihn ermordete, seine Witwe heiratete und sich die Krone aufsetzte; Oberkämmerer Polonius (nach heutigen Begriffen eine Art Kanzler) mit seinem Sohn Laertes, dazu Hamlets treuer Freund Horatio, seine windigen Studienkollegen Rosenkranz und Güldenstern aus Wittenberg, Prinz Fortinbras von Norwegen, Hofleute, Soldaten, Totengräber und eine Truppe fahrender Schauspieler; auch diese nur Männer, weil Frauenrollen damals von jungen Burschen gespielt wurden.

Und keine Frau? Doch, zwei: Hamlets Geliebte Ophelia, Polonius' Tochter, die traurig-verlassen untergeht; und Hamlets Mutter Gertrud, die tatsächlich eine Schlüsselrolle hat. Denn dass sie nach dem Tod seines hochgeschätzten Vaters dessen jüngeren Bruder Claudius so rasch heiratete, dass man die Bratenreste vom Trauermahl als kalten Aufschnitt den Hochzeitsgästen servieren konnte – das erschütterte den Ordnungssinn des sensiblen Melancholikers Hamlet; noch bevor er hört, dass Claudius seinen Vater mit Gift ermordet habe. Hätte Gertrud ein Trauerjahr gewartet, hätte sie Hamlet zum Studium nach Wittenberg zurückgeschickt – wer weiß, wie sich alles entwickelt hätte …

Gertrud war keine starke Frau. Auf sie münzte Hamlet, was seither oft und peinlich pauschal zitiert wird:

»Frailty, thy name is woman!«

»Schwachheit, dein Name ist Weib!«

Doch sie ist eine interessante, rätselhafte Frau. Man wüsste gern mehr von ihr, als aus dem Stück zu erfahren ist. War sie etwa ihres Ehemannes, des alten Königs Hamlet, überdrüssig? War er altersschwach, impotent? Er war ein wackerer Krieger. Er hatte den norwegischen König im Zweikampf besiegt. Aber würde er es auch mit dessen racheschnaubendem Sohn Fortinbras aufnehmen können? Forderten die Staatsräson oder Gertruds Libido oder beide jüngere Kraft, den jüngeren Bruder? War Gertrud mit Claudius schon im Bett und im Bund, als ihr Mann noch lebte und König war? Hatte sie etwa Schwager Claudius zum Königsmord aufgegeilt wie Lady Macbeth ihren Mann?

Nichts davon im Stück; nichts davon aus Hamlets Mund, so hart er seine Mutter auch anfährt, um sie aus den blutschänderischen Laken zu reißen – so sieht er das –, in denen sie sich mit seinem Onkel suhlt.

Der amerikanische Seller-Autor Updike gräbt tiefer. Er spekuliert in seinem Roman »Claudius und Gertrud«, wie die Königin, als ihr Mann noch lebt, Claudius in einem Jagdhaus verführt; eine Szene wie aus »Lady Chatterley«. Gertruds Geschichte ist damit nicht geschrieben.

»Hamlets« Nebenfiguren reizen zur Weiterdichtung. Mit »Rosenkranz und Güldenstern sind tot« schaffte der englische Dramatiker und Shakespeare-Kenner Tom Stoppard seinen Durchbruch. Ist die Geschichte Ophelias, der zweiten Frau im Stück, schon als ihr Drama erzählt worden? Es würde das Klagelied einer jungen, vom allein erziehenden Vater in strenger Zucht gehaltenen, liebenden Frau, die zwischen Vater Polonius und Prinz Hamlet keine eigene Identität gewinnen kann.

Sie war Hamlets heimliche Geliebte. Gertrud meinte, sie hätte Hamlets Frau werden können. Polonius glaubte nicht an eine Einheirat ins Königshaus. Er verbot Ophelia weiteren Umgang mit dem Prinzen und missbrauchte seine Tochter doch als Köder, um dem Wahnsinn, den Hamlet zeigte, auf den Grund zu kommen. Liebesfrust – meldete Polonius dem König.

Doch Hamlets Wahnsinn, was über verstörte Melancholie hinausging, war Maske; Atemmaske in einer als vergiftet empfundenen Welt und Maskierung eines Rächers. Bei aller Liebe, die er noch an Ophelias Grab beschwor, war er zu keiner festen Bindung bereit – in einer so vergifteten, verruchten Welt. Deshalb seine dramatische Weisung an Ophelia:

»To a nunnery go; and quickly too!«

»In ein Kloster, geh, und das schleunig!«

Doch Ophelia, von Bruder Laertes verlassen, vom Vater gemaßregelt, ihre Liebe zu Hamlet von dessen Wahn und auch von ihrem eigenen nach dem Tod des Vaters aufbrechenden Wahn erstickt, stürzt beim Blumenbinden ins Wasser des Flusses. Unfalltod? Selbstmord? Selbstmörderischer Unfall? Ein Geistlicher hat sie begleitet; aber kein Requiem mehr. Nur Hamlet und Laertes kämpfen noch am offenen Grab, wer sie mehr geliebt habe.

Wie der Weidenbaum überm Wasser, von dem Ophelia stürzte, neigt sich die Tragödie zum Ende hin. Was mit einem Giftmord begann, endet mit Gift: ein vergifteter Degen für Laertes zum Duell mit Hamlet, ein vergifteter Trank für den Prinzen – alles das Werk des Claudius. Dann sind sie tot: Die Königin, endlich auch Claudius,

Laertes und Hamlet. Nur der treue Horatio muss weiterleben, um zu berichten, was geschehen ist: dem Fortinbras von Norwegen, der einrückt und die Macht in Dänemark übernimmt; aber vor allem einem Weltpublikum.

Die Tragödie faszinierte auch Sigmund Freud (1856–1939), den Wiener Nervenarzt und Begründer der Psychoanalyse. Er schätzte Shakespeare-Dramen, besonders wegen der psychoanalytischen Einsichten des Autors. Doch er traute William Shakespeare aus Stratford solche Einsichten kaum zu. Wie konnte ein ungebildeter Landjunge ein solches Seelendrama schreiben? Hamlet litt doch offenbar an einem Ödipuskomplex – Freuds Spezialität. Allerdings ging es für Hamlet nicht darum, den Vater zu erschlagen (der war schon tot) und mit der Mutter zu schlafen, wie es der sagenhaft verstrickte König Ödipus unwillentlich und unbewusst getan hatte, sondern schlimmer: Rache zu nehmen an dem, der sich seine Ödipusrolle angemaßt hatte, den Vater erschlug und nun mit der Mutter schlief!

In den 20er-Jahren des letzten Jahrhunderts stieß Freud auf das Buch »Shakespeare Identified« des englischen Lehrers J. Thomas Looney. Dieser präsentierte Edward de Vere, 17. Graf von Oxford (1550–1604), als den wahren Shakespeare – mit einem Lebenslauf, aus dem heraus sich »Hamlet« voll eigener Seelenpein wie von selbst hätte schreiben lassen: Edward ist zwölf, als sein Vater stirbt. Nach kurzer Witwenschaft heiratet seine Mutter wieder. Der Junge kommt unter die Fuchtel des ungeliebten Vormunds Sir William Cecil, der später in England als Lord Burghley in eine ähnliche Spitzenstellung aufrückt, wie sie Polonius am dänischen Königshof hatte. Cecils Tochter Ann verliebt sich in den jungen Grafen von Oxford wie Ophelia in Hamlet. Der Graf heiratet Ann. Die Ehe wird so unglücklich, wie es eine Ehe von Hamlet und Ophelia vermutlich geworden wäre; so wenig wie Ophelia war Ann von altem Adel.

Alles passt, und Freud war überzeugt: Edward de Vere, Graf von Oxford, hat »Hamlet« geschrieben! Mehr noch: Der Graf war der wahre Shakespeare! Mithilfe der beiden Damen, Mutter und Frau des Grafen in den Rollen von Gertrud und Ophelia, kratzte der respektierte Psychoanalytiker Freud mächtig am Ruhm des Stratforder Shakespeare. Viele, die so genannten »Oxfordianer«, kratzten mit, um Edward de Vere auf den Thron des Dichters und Dramatikers zu heben.

»To be or not to be, that is the question …«
»Sein oder Nichtsein, das ist hier die Frage …«

So beginnt Prinz Hamlet seinen tiefsinnigen, berühmten Monolog über Dulden oder Widerstehen in den Stürmen des Lebens, über Leben und – Sterben, schlafen, nichts weiter.

Shakespeare oder nicht Shakespeare – das ist die Frage, die bei der Spurensuche nach dem Autor des weltbekannten Dramas seinerzeit von Freud und den »Oxfordianern« kräftig aufgeworfen wurde und die auch heute noch gelegentlich gestellt wird. Doch bisher haben die Skeptiker den Stratforder Shakespeare nicht überzeugend vom Autorenthron stoßen können – auch wenn es nur eine Legende ist, dass er selber den Geist von Hamlets Vater gespielt habe. Und für Millionen von Menschen in aller Welt, die sich von diesem Drama anrühren lassen und sich mit Prinz Hamlet beschäftigen, ist die letzte Gewissheit der Autorenschaft völlig nebensächlich. Viel interessanter sind die Wirkung, die vom Drama auf der Bühne und über die Bühne hinaus ausgeht, und der »Typ Hamlet«, der als geprägter Charakter, als Intellektueller, als Zweifler und Zauderer, seinen festen Platz in unserer Vorstellungswelt hat.

In England wird erzählt, ein Mann habe seine Schwiegermutter zu ihrem ersten Theaterbesuch überredet, als »Hamlet« gegeben wurde. Nach der Vorstellung fragte er, wie es ihr gefallen habe. »Ganz gut«, sagte sie. »Aber dieser Shakespeare hat es sich doch sehr leicht gemacht, indem er seinen Figuren einfach so viele bekannte Redensarten in den Mund legte!«

Tatsächlich hat sich vieles, was Shakespeare für »Hamlet« dichtete – die Bilder, die er entwarf, die Metaphern, die er prägte – vom Stück gelöst und ist in den allgemeinen Sprachschatz eingegangen; in den englischen mehr noch als in den deutschen. Nicht nur, dass Männer sich vielleicht besser fühlen, wenn sie »Schwachheit, dein Name ist Weib!« zitieren, und dass »Sein oder Nichtsein« auf jeden Fußballverein in Abstiegsgefahr gemünzt wird; in diesem Monolog steht auch

»Das unentdeckte Land, von des Bezirk
Kein Wanderer wiederkehrt«

und

»(von) des Gedankens Blässe angekränkelt«.

Von anderen Stellen des Stücks wird oft zitiert:

»Die Zeit ist aus den Fugen.«
»Etwas ist faul im Staate Dänemark.«
»Es gibt mehr Dinge im Himmel und auf Erden,
als uns're Schulweisheit sich träumen lässt.«
»Ist dies auch Wahnsinn, so hat es doch Methode.«

Und schließlich:

»Der Rest ist Schweigen.«

Wie die Fülle der Redensarten, hat sich auch die Figur des Hamlet vom Drama gelöst. Für den politischen Dichter Ferdinand Freiligrath etwa wurde Hamlet selbst zur Metapher, als er 1844 mit der Formel »Hamlet ist Deutschland – Deutschland ist Hamlet« die Deutschen für ihr Zaudern kritisierte, sich dem revolutionären Elan der Zeit tatkräftig anzuschließen.

Wo heutzutage in Politik und Wirtschaft über »Bedenkenträger« geklagt wird, die dem Fortschritt im Wege stünden, wo von »schlappen Intellektuellen« die Rede ist, wo ein junger Mann des Weges kommt, der nicht gleich zupackt, der leicht verletzlich ist und der ein »Sensibelchen« genannt wird – da kann uns stets der »Typ Hamlet« vor Augen treten; egal, ob Shakespeare sein geistiger Vater war oder nicht.

Maß für Maß

Zwei schwache Männer spielen sich auf, und Isabellas Ohrfeige sitzt goldrichtig

Nichts gegen Männer, die zu ihren Schwächen stehen; das kann sie doch sympathisch machen! Doch die Sympathie endet schnell, wenn sie den starken Mann markieren und wenn dabei Feigheit und Brutalität sich unheilvoll zur Quälerei für andere Menschen mischen.

In seiner schwarzen Komödie »Maß für Maß« führt Shakespeare zwei solche Machtmenschen vor: einen Herzog und einen Lord Angelo; dazu die schöne Isabella. Der Herzog ist sich zu fein, in seinem Lotterland von *sex and crime* gesetzmäßig durchzugreifen; er spielt lieber mit Menschen wie mit Marionetten und nennt es: sie prüfen. Angelo macht auf Tugendbold, aber seine Braut Mariana hat er schnöde sitzen lassen; er gilt als unbestechlicher *Law-and-order-Mann* – und entlarvt sich als sexueller Erpresser und wortbrüchiger Betrüger.

Männer! Wie soll Isabella mit ihnen klarkommen – eine sittenstrenge junge Frau, die Nonne werden will und von der Klosterschwelle ins Räderwerk einer korrupten Schreckensjustiz gerissen und böse gequält wird? Was soll sie tun: vor die Wahl gestellt, bei Angelo nachts kurzhin ihre Unschuld zu verlieren oder zu erleben, wie er sonst ihrem Bruder Claudio den Kopf abschlagen lässt? Shakespeare und der Herzog helfen Isabella aus der Klemme. Sie arrangieren in dem komödiantischen Problemstück eine Art Happy End. Shakespeare ist ein Magier der Bühne. Seine Happy Ends wirken tröstlich. Doch wenn der Vorhang gefallen ist, sieht man betroffen viele Fragen offen und kann zornig werden: Wie sadistisch Isabella mitgespielt wird! Da kann man sich nur wundern und freuen, wie sie die Schocks übersteht. Sie muss eine starke Frau sein. Die beiden Männer hingegen zeigen böse Schwächen: Der eine, der Herzog, drückt sich, wenn er tätig werden müsste – den Gesetzen Respekt verschaffen oder sie liberalisieren; der zweite, Angelo drückt die anderen – nicht nur die Kupplerinnen und Dirnen der Stadt.

Der Herzog regiert eine Phantasiestadt, die Shakespeare Wien genannt hat; in einer Zeit, als vorehelicher Sex für die Frau als Schande, für den Mann als Verbrechen gelten konnte. Der Herzog hatte scharfe Sittengesetze erlassen. Doch seit zwei Jahrzehnten hält sich kaum mehr jemand daran. *Sex and crime* sind in Bordellen und Spelunken voll im Schwange. Mancher Edelmann verlottert.

Der Herzog hat es lange hingenommen. Jetzt plötzlich stinkt es ihm. Doch er ist nicht der Mann, gegen die Lotterei vorzugehen; zu fein, sich die Hände schmutzig zu machen, möchte er

»dem Kampfe fern und ohne Tadel bleiben«.

Er liebt das Volk – vor allem dann, wenn es ihm nicht zu nahe kommt. Das erlebt man auch heute nicht selten bei manchem großen Mann in Politik und Gesellschaft; so populär man sich auch geben mag, gilt es doch, Distanz zu wahren.

Der Herzog erklärt kurzerhand Angelo, der als scharfer Tugendwächter gilt, zu seinem Statthalter. Er gibt ihm alle Vollmachten und verschwindet. Niemand – außer einem Mönch, Shakespeare und dem Publikum – weiß, wohin. Kaum an der Macht, greift Angelo mit voller Schärfe des Gesetzes durch. Claudio ist erstes Opfer. Dass Claudio vorehelichen Verkehr mit seiner Braut Julia hatte, ist offensichtlich; sie erwartet in Kürze ein Kind von ihm. Angelo lässt Claudio festnehmen. Ab in den Kerker. Todesurteil.

Das war nicht nur inhuman, sondern hielt selbst vor damaligem Rechtsempfinden kaum stand. In Shakespeares England galt ein Verlöbnis schon quasi als Ehe – auch ohne Kirchensegen – und Sex somit nicht eigentlich als vorehelich. Im Wien des Herzogs wurde es anscheinend ähnlich gehandhabt. Und Claudio und Julia waren verlobt: ein festes Paar, das die Kirchentrauung nur bis zur Klärung von Mitgiftfragen verschoben hatte.

Angelos Todesurteil ist ein Terrorakt, mit dem er seine Macht zeigen, Schrecken verbreiten und abschrecken will. Ist Claudio zu retten? Er fleht seine Schwester Isabella an, die eben als Novizin ins Kloster will, bei Angelo für ihn zu flehen. Sie tut es ungern. Doch sie tut es. Sie bittet den Machtmann um Gnade; kaum weniger eindrucksvoll als die souveräne Portia, der Shakespeare einige Jahre zuvor zur Rettung des Kaufmanns von Venedig eine großartige Gnadenrede geschrieben hatte – und ebenso erfolglos. Isabella hält dem Machtmann vor:

»Ach, es ist groß,
Des Riesen Kraft zu besitzen; doch tyrannisch,
Dem Riesen gleich sie zu gebrauchen.«

Angelo ist unnachgiebig, aber angerührt von dieser Frau. Er kämpft mit sich und seinem Tugendschild. Er fühlt, er will sie haben. Ist's sexuelle Begierde, lange weggestaut? Schlimmer noch, eine Lust, die reine Frau zu demütigen? Oder ein Anflug von Liebe gar, angesichts ihres uneigennützigen Flehens? Wie auch immer – bei ihrem nächsten Flehbesuch kommt er zur Sache: Ein One-Night-Stand, sonst wird der Bruder geköpft. Unverzüglich. Isabella sagt Nein; bei Shakespeare klingt's poetischer:

»Die Schand im Loskauf und ein frei Verzeihn
Sind nicht Geschwister: des Gesetzes Gnade
War nie verwandt mit schmählichem Erkauf!«

Wer ist hier schwach? Claudio, Julia, Angelo, Isabella?

Angelo: »Schwach sind wir alle.«

Isabella: »… O wir sind alle der Versuchung Erben!«

Angelo: »Nun, auch das Weib ist schwach!«

Isabella: »Ja, wie der Spiegel, darin sie sich beschaut,
So leicht zerbricht, als er Gestalten prägt.

Das Weib! Hilf Gott! Der Mann entweiht sein Werk,
Wenn er's missbraucht. Nennt uns zehnmal schwach;
Denn wir sind sanft, wie unsre Bildung ist,
Nachgiebig falschem Eindruck.«

Angelo: »Ja, so ist's:
Und auf Euer eignes Zeugnis Eurer Schwäche –
Denn auch wir Männer, mein ich, sind nicht stärker,
Als dass uns Fehler schütteln – dreist nun sprech ich ...«

Und er sagt ihr ohne Umschweife, was er will. Sex. Sie sagt ihm ebenso deutlich: Nein. Tut sie Recht, den Bruder so dem Tod zu überantworten? Selbst in Zeiten, in denen Jungfräulichkeit weniger zählt als damals, bleibt es eine skandalöse Frage: Soll sich eine Frau so von einem scheinheiligen Tugendbold wegen eines vorgeblichen Verbrechens ihres Bruders nötigen lassen?

Ehe sie geht, versucht Isabella noch einen Gegenangriff; statt sich bloßzulegen, ihn bloßzustellen:

»Gleich unterzeichne mir des Bruders Gnade,
Sonst ruf ich's aller Welt mit lautem Schrei,
Was für ein Mann du bist.«

Das tut Angelo lächelnd ab. Niemand würde ihr glauben. Alles Schreien wäre vergebens, bräche sich an seinem guten Ruf und seiner großen Macht.

So war's damals in Wien. Und heute? Wie war es mit Bill Clinton und Monica Lewinsky? Klar, der Fall lag völlig anders; kein Todesurteil, keine Erpressung. Doch als er, Präsident der USA, öffentlich auf Ehre erklärte, da sei nichts gewesen, jedenfalls kein Sex, vertraute er dem Gewicht des Wortes aus höchster Stellung. Danach war es schwierig, in der Sache weiterzukommen. Und auch kleine Chefs und Potentaten in Büros und Betrieben verschanzen sich gegen Vorwürfe sexueller Belästigung gern hinter ihrer Macht und ihrem Ruf.

Andererseits kann heute – das Ohr der Öffentlichkeit ist wach für jeden Verdacht sexueller Belästigung – eine Frau mit Geschrei, eigenhändig zerrissener Bluse und einschlägigen Behauptungen einen Mann ohne Grund und

Gnade ins Verderben stürzen; oder ihn als Chefin ihrerseits sexuell erpressen. Alles längst bühnen- und filmreif. Was Shakespeare als Gewichtung von Macht, Recht und Sitte, von Gerechtigkeit und Gnade, im delikaten Beziehungsfeld von Erotik und Sex vorführt, bleibt ein unerschöpfliches Thema.

Wenn es schon schwer fällt, gerechte Regeln zu finden – wie wäre es für Mann und Frau in unserer Stress- und Spaßgesellschaft mit mehr beiderseitiger Fairness?

Statt für Fairness zu werben, steuert Shakespeare als gewiefter Dramatiker die Problemlösung und große Verzeihung mit Kunstkniffen an. Das lockert das Drama. Das unterhält das Publikum. Er lässt den Herzog Regie führen; und der, jetzt in Mönchskutte verkleidet, lässt die Marionetten tanzen. Er überredet Isabella, Angelos Antrag anzunehmen: nächste Nacht, in völliger Dunkelheit, und nur kurz. Er überredet Angelos sitzen gebliebene Braut Mariana, die diesen Angelo immer noch liebt, statt Isabella ins Gartenhaus und mit ihm ins Bett zu gehen. So geschieht es. Angelo merkt nicht, dass man ihm Mariana statt Isabella untergeschoben hat. Obwohl er bei Isabella im Wort ist und nun meinen muss, dass sie ihren Teil erfüllt habe, befiehlt er – wortbrüchiger Betrüger! –, Claudio zu köpfen; aus Angst vor dessen Rache. Der Herzog – Mönch, Marionettenspieler und Requisitenmeister – findet einen anderen passenden, abzuschlagenden Kopf, der Angelo – betrogener Betrüger! – als Vollzugsbeweis geschickt wird.

Großes Finale: Der Herzog zieht wieder in Wien und in sein Amt ein. Er hält Gericht – und Isabella im Glauben, ihr Bruder sei tot; hingerichtet. Warum auch noch diese Quälerei?

»Dass aus Verzweiflung Himmelstrost ihr werde,
Wenn sie's am wenigsten erhofft.«

Die feine Art ist das nicht und als Therapie höchst zweifelhaft. Doch der Herzog verstand sich als Menschenprüfer. Er wollte wissen, ob Isabella – selbst wenn sie den Bruder tot glaubte – zusammen mit Mariana niederknien und für Angelo um Gnade bitten würde, wenn er sich für sein Vergehen bußfertig und zur Todesstrafe bereit zeigt. Isabella kniet – und gnädig hebt der Herzog sie zu sich auf:

»Gebt mir die Hand und sagt, Ihr seid die Meine.«

Prüfung bestanden; ein Heiratsantrag wie ein Blitz. Wie soll Isabella darauf reagieren? Glücklich Ja sagen, weil sie Herzogin wird? Den Kopf schütteln und wie geplant ins Kloster gehen? Shakespeare lässt die Antwort offen – und in einer Aufführung in Stratford gab Isabella dem Herzog eine Ohrfeige.

Die saß goldrichtig; denn dieser Herzog, absolutistischer Principe und absonderlicher Pädagoge, hatte es sich ja in den Kopf gesetzt, Isabellas frommen Rigorismus zu brechen; sie zu lehren, wie ungerecht das Leben ist, dass man betrügen, aber auch für üble Mitmenschen bitten soll; und in ein solches Lebensmuster passt die eine Ohrfeige für einen angemaßten Lehrmeister verblüffend gut.

Gewiss muss ein Chef seine Partner und Mitarbeiter prüfen, bevor er ihnen vertraut. Doch das Wechselbad der Gefühle, durch das Isabella gehetzt wurde, ist mindestens so fragwürdig wie heute mancher Überlebenstest für Kollegenteams im Urwald. Und hat der Herzog, der erst Angelo, dann Isabella prüfen wollte, selbst die Prüfung bestanden? Kaum. Schon dass er Angelo als Tugendwächter einsetzte, dessen Schlechtigkeit gegen seine Braut er kennen musste, nimmt gegen ihn ein; und fast hätte Claudio das Verfahren mit seinem Leben bezahlt.

Und die anderen Prüflinge? Claudio und Julia haben – Prüfung bestanden! – als Paar mit ihrem Baby gute Chancen. Ob Angelo – Bestehen zweifelhaft – für die treue Mariana und guten Staatsdienst voll geläutert ist? Für den kecklebendigen Edelmann Lucio, der – eine prächtige Bühnenrolle – gern lose Reden führt, geht die Prüfung weiter; in der Zwangsehe mit der Frau, die er samt Baby sitzen ließ.

Troilus und Cressida

Die schönste Frau der Welt – und um sie her die Helden ohne Harnisch

Welch ein Weib! Helena war die erste »Miss World« und das fatale Missgeschick für Troja: denn sie löste den ersten Weltkrieg aus. Zehn Jahre lang kämpften Trojaner und Griechen um diese Frau. Dann lag Troja in Trümmern, die Griechen fuhren heim – doch was aus Helena wurde, ist unklar.

Es hat sich niemand sonderlich darum gekümmert; auch Homer nicht, der im 8. Jahrhundert v. Chr. mit der »Ilias« als Beschreibung dieses Krieges die militarisierte Geschichtsschreibung eröffnete. Dieser Informationsmangel deutet darauf hin, dass der Krieg ganz andere Ursachen hatte als Helena. Vermutlich war es ein großer Raubzug gegen das reiche Troja – und Helena zwar eine Schönheit, doch charakterlich wenig interessant.

So zeigt sie sich auch in Shakespeares »Troilus und Cressida«, dem Drama einer missglückten Liebe zu Zeiten des Trojanischen Krieges. Helena tritt in einer Nebenrolle auf. Sie wird in einer Wertschätzungsdebatte der führenden trojanischen Männerclique, ob diese Frau das furchtbare Kriegsgemetzel lohnt, eher als Objekt behandelt; kostbar zwar, wie Prinz Troilus feststellt:

»She is a pearl,
Whose price has launched above a thousand ships,
And turned crown'd kings to merchants –«

»Sie ist eine Perle,
Deren Preis weit über tausend Schiffe Anker lichten hieß
Und Könige in Kaufmannsleute wandelte –«,

aber eben doch ein Handelsgut, über dessen Wert und Nutzen sich streiten lässt. Die trojanische Führungsclique,

Fürst Priamus und seine Söhne, entschließt sich, Helena nicht an die Griechen herauszugeben; obwohl Held Hektor ausgesprochen und mancher andere stillschweigend meint, dass sie das große Blutvergießen nicht wert sei.

Warum dann trotzdem weiter Krieg führen gegen die Griechen, die Troja belagerten, um Helenas Herausgabe zu erzwingen? Weil es um Ehre und Ansehen Trojas geht; weil die Söhne des Priamus einen von ihnen, den schönen Paris, voll unterstützten, als er dem Spartanerkönig Menelaus seine Frau Helena entführte. Nun müssen sie loyal zu Paris stehen und das Ansehen von Stadt und Volk wahren.

Im Lager der Griechen ist auch mancher kriegsmüde und fragt sich, ob die eine Frau den Krieg lohnt. Doch auch für die Griechen geht es nicht eigentlich um die Frau. Es geht um Ehre und Ansehen. Sie haben früher einmal dem Menelaus für den Fall, dass jemand seine Frau entführe, uneingeschränkte Solidarität geschworen. Nun müssen sie loyal zu Menelaus stehen und können nicht – Helena hin oder her – aus ihrem Schwur heraus. Wie problematisch solche Zusagen sind, zeigt sich immer wieder und bis heute in der Weltpolitik. Man nennt es auch »Nibelungentreue« – verhängnisvoll bis zum Untergang.

Die »Affäre Troja« war sozusagen ein gordischer Knoten, den Griechen und Trojaner mit ihren Schwertern zu durchhauen suchten. Der verhängnisvolle Knoten wurde – gemäß antiker Mythologie – im ersten Wettbewerb um »Miss World« geschürzt. Als angeblich schönster Mann wurde Paris zum Preisrichter bestellt. Es beteiligten sich Hera, Athena und Aphrodite – nicht nur mit Schönheit, sondern auch mit großen Versprechungen an Paris; schon damals gab es Bestechung. Paris erklärte Aphrodite zur Siegerin und reichte ihr den goldenen Apfel. Sie war die rangniedrigste der drei Göttinnen. Aber sie hatte Paris die schönste Frau der Erde versprochen: Helena, eine Tochter des Zeus und der Leda, die er als Schwan überkommen hatte. Weil Aphrodite ihr Versprechen halten wollte, Helena aber mit Menelaus verheiratet war, musste Paris sie entführen. Damit, folgt man der Mythologie, waren die Beziehungen schreckensvoll verknotet und die Schwerter wurden gezückt.

Helena ist unter Deutschen populär. Jacques Offenbach zeigt in seiner Oper »Die schöne Helena«, wie Helena ihrem Mann entführt wird; Menelaus erscheint da ziemlich vertrottelt. Heinrich Heine meinte, für Deutsche sei »die schöne Helena unser frühester Liebling«. Johann Wolfgang von Goethe ließ seinem Heinrich Faust in der Hexenküche einen Trank brauen, von dem ihm Mephisto versprach:

»Du siehst mit diesem Trank im Leibe,
Bald Helenen in jedem Weibe!«

Eben ein ewig weibliches Urbild der Schönheit; aber wie in Perfektion erstarrt – und gefährlich. Goethe lässt es seinen armen Heinrich in »Faust II« erfahren, als Mephisto ihm zuruft:

»Hier lieg, Unseliger! verführt
Zu schwer gelöstem Liebesbande!
Wen Helene paralysiert,
Der kommt so leicht nicht zu Verstande.«

Welch treffendes Motto für den Trojanischen Krieg!

Shakespeare nimmt den Krieg als Folie, um Charaktere zu entwickeln. War Shakespeare ein Pazifist? Darüber lässt sich streiten. In Fragen der Moral hat Shakespeare lieber beide Seiten vorgeführt, als in seinen Dramen die eigene Deckung mit eindeutigen Erklärungen zu verlassen. So zeigt er König Heinrich V. als glänzenden Kriegshelden, aber Falstaff, den Lehrmeister seiner Jugend, als Ausbund eines durchtriebenen Pazifismus. Und der friedfertige König Heinrich VI. trifft als Zeugen des Kriegselends auf einen Vater, der seinen Sohn, und auf einen Sohn, der seinen Vater erschlagen hat.

»Troilus und Cressida« lässt sich jederzeit als Antikriegsstück aufführen; besonders, wenn der Regisseur den verkrüppelten Zyniker Thersites in den Vordergrund rückt, der für die großen Krieger nur giftigen Hohn und Spott hat. Heine begrüßte es, dass in »Shakespeares eigentümlichster Schöpfung« die Helden – anders als bei Homer – »ihrer glänzenden Harnische entkleidet« werden. Dann wirken sie nackt und wenig sympathisch: in Troja – der hochnäsige, beutegierige Hektor, der prahlerische Paris und der Kuppler Pandarus; bei den Griechen – der hinterlistige Achill, der Hektor unfair umbringt, mit seinem schwulen Freund Patroklus, der gehörnte Menelaus und der Tölpel Ajax, der vor tumber Kraft über die eigenen Füße stolpert. Eine Galerie mächtiger Männer in ihren Schwächen.

Und was wurde aus Helena?

Troja fiel, weil die törichten Trojaner nicht auf die Warnungen der klugen Priamus-Tochter Kassandra hörten. Sie fielen auf einen Trick herein und holten das hölzerne Pferd in die Stadt, aus dessen Leib die kampfstärksten Griechen krochen. Dieser Trupp leitete Trojas Vernichtung ein. Da starben Priamus und seine Söhne; bis auf Aeneas, der – nach der Legende – entkam und Rom gründete. Und Helena? Da gibt es nur vage Gerüchte. Es heißt, Menelaus habe sie wegen ihrer Untreue sofort umbringen wollen, sei aber beim Wiedersehen nach zehn Jahren von ihrer Schönheit wieder so geblendet worden, dass er es unterließ. Andere Legenden besagen, die gemeinsame Heimfahrt nach Sparta habe sieben Jahre gedauert und in dieser Zeit habe Menelaus die Untreue vergessen; irgendwann, so heißt es auch, sei Helena in himmlische Gefilde entschwunden.

Der Dramatiker Euripides (480–407 v. Chr.) hat seinerzeit schon das Wesen dieser Frau mit der perfekten, statischen Schönheit einer Schaufensterpuppe gut erfasst, als er in seinem Schauspiel »Helena« unterstellte, sie sei überhaupt nie in Troja gewesen. Es habe sich um ein Phantom gehandelt, das Zeus-Gattin Hera – aus Rache, weil Paris sie nicht zur »Miss World« gemacht hatte – aus einer Wolke modellierte. Heute würden wir das eine »virtuelle Helena« nennen: Es gab sie gar nicht in Troja – doch sie bewirkte furchtbar viel; zehn Jahre schrecklichen Krieg.

Vor der Folie des Trojanischen Krieges entwickelt sich die Liebe von Troilus und Cressida als romantisch-bittere Episode; objektiv gesehen nicht mehr als ein One-Night-Stand, den Pandarus für seine Nichte Cressida und Prinz Troilus, den jünsten Sohn von König Priamus, arrangiert. Pandarus wird als emsiger Kuppler vorgeführt: geschwätzig, schäkernd, lüstern, wohl erfahren und abgebrüht, melodramatisch und diensteifrig – als hätte Shakespeare einen Eunuchen mit einem Voyeur gekreuzt. Doch Pandarus gibt sich Mühe, den drängenden Prinzen und die schüchtern-begehrliche Cressida durch Irrungen und Wirrungen der Verliebtheit zusammenzubringen. Er schafft, was die beiden dann brauchen: eine Kammer, in der sie ungestört sein können, ein bequemes Bett. Und Pandarus wünscht allen, was sich manche fürs erste Mal erhofft hätten, um es nicht zu verkorksen:

»Allen schüchternen Mädchen, so flehe ich Gott Amor an, vergönne Bett, Kammer und einen Pandarus, der es besorgen kann.«

Das Erwarten, das Erröten, dann die Treueschwüre – alles, was zur Liebe gehört oder ihr aufgesetzt wird, dauert seine Zeit. Die Nacht danach wird kurz. Nicht die Lerche stört, wie bei Romeo und Julia – und warum sollte man bei Troilus und Cressida nicht an Romeo und Julia denken dürfen? –, sondern die Männer, die Cressida kurzerhand abholen. Im Zuge eines Gefangenenaustauschs muss sie ins griechische Lager, zu ihrem Vater, der aus Troja zu den Griechen übergelaufen ist. Bitterer Abschied der Liebenden. Neue Treueschwüre, Liebespfänder: ein Handschuh, eine Ärmelkrause.

Kann die kurze Liebe halten, über die lange Distanz der feindlichen Lager hinweg? Als ihr griechischer Begleiter Diomedes – *escort service,* Leibwächter – sie ins Griechenlager bringt, wird sie von der dort führenden Männerclique, Mann um Mann, schäkernd abgeküsst. Sexuelle Belästigung der Verstörten? Ein Trost, den sie suchte? Ein Schritt in die Hurerei? Das Urteil des Ulysses ist hart und infam:

»Pfui über sie!
An ihr spricht alles, Auge, Wange, Lippe,
Ihr Fuß sogar: Ihr leichtfertiger Sinn
Zeigt sich in jedem Glied, jeder Bewegung.
Oh, diese maulfertigen Kämpferinnen,
Die schon herausfordern, eh man sie anspricht,
Und ihres Denkens Buch aufschlagen jedem,
Den's kitzelt, es zu lesen! – Schreibt sie auf
Als billige Beute der Gelegenheit
Und Töchter des Geschäfts.«

Rasch bändeln Diomedes und Cressida an. Nutzt er ihre Notlage? Nutzt sie ihre neue Freiheit? Shakespeare, kein Moralprediger, sondern geschickter Dramatiker, zeigt Voyeurismus im Doppelpack: Troilus und Ulysses beobachten und kommentieren den Flirt von Diomedes und Cressida, wie sie sich das Liebespfand des Troilus abschmeicheln lässt, und Thersites beobachtet den Flirt und die beiden Zuschauer der Szene. Der Kommentar des Zynikers:

»Nur Krieg und Geilheit!
Nichts sonst bleibt in der Mode.
Hol sie ein brennender Teufel!«

Shakespeares Stück endet mit Hektors Tod. Man weiß, wie der Krieg endete. Man weiß, dass Troilus ihn nicht überlebte. Doch was mag aus Cressida geworden sein? Und was aus Helena – falls sie je in Troja war? Vorhang zu und – wie so oft: viele Fragen offen.

König Lear

Schwachheit, dein Name ist Weib? Schwach sind alle, Seele und Leib!

Dieser Kerl ist verrückt, völlig wahnsinnig! Das sagt sich oft leicht und ist doch schwer zu ergründen; besonders im Fall des König Lear. Ist er schon zu Beginn des Dramas, über achtzig, nicht mehr voll zurechnungsfähig, weil er meint, er könne sein Reich an die Töchter verteilen, die Macht abgeben und ohne weitere Sicherheiten als Pensionär seine Privilegien behalten? Oder wird er erst wirklich wahnsinnig, als seine Erbtöchter Reagan und Goneril den Machtlosen wie einen Fußball herumkicken und er sich auf der Heide in einer dramatischen Gewitterszene mit den Elementen austobt?

Madness ist ein Schlüsselwort dieses Dramas menschlicher Schwächen: Narretei und Verrücktheit, gespielte Tollheit und purer Wahnsinn. Wer weiß, was Wahnsinn ist? Der Narr des Königs gibt eine Definition; doch sie ist mehr närrisch als hilfreich oder heilsam:

»He's mad that trusts in the tameness of a wolf,
a horse's health, a boy's love, or a whore's oath.«

»Der ist toll, der auf die Zahmheit eines Wolfes baut, auf die Gesundheit eines Pferdes, eines Knaben Liebe oder einer Hure Schwur.«

Der Graf von Kent nennt den König *mad,* als Lear sein Reich leichtfertig aus der Hand gibt. Der Narr rät Lear, er hätte klug werden sollen, bevor er alt wurde. Lear fühlt, dass *madness* ihn ankommt, fleht zum Himmel, ihn davor zu bewahren – und weiß schließlich, dass *madness* sein Schicksal ist. Senilität? Alzheimer? Das vermutlich auch. Man wartet nicht, bis man über achtzig ist, um sein Königreich – oder sonst ein Unternehmen – in jüngere Hände zu legen; und dann jähzornig, planwidrig, nach Maßgabe von Phrasen der Erben in die falschen Hände.

Trotz anfangs pompöser Verstiegenheit als König gewinnt Lear mit seinem leidvollen Fall die Sympathie des Publikums; zumal wenn er am Ende, dem Tode nah, seine verstoßene, ermordete Lieblingstochter Cordelia in den Armen hält.

Die älteren Töchter Reagan und Goneril hingegen wirken wie böses, undankbares Gesindel: Erst schmeicheln sie sich mit so hohlen Phrasen in die Gunst des Vaters, dass es Cordelia bei Lears Wettbewerb um den schönsten Ausdruck töchterlicher Liebe die Sprache verschlägt; Lear straft ihr Schweigen mit Verstoß und Enterbung. Dann quälen die beiden Töchter den König im Ruhestand und seine Gesellen, laufen zudem ehebrecherisch demselben Mann nach: Edmund, unehelicher Sohn des Grafen von Gloster. Angesichts von so viel verschlagener Bosheit muss es die Zuschauer freuen, dass Reagan und Goneril übel ums Leben kommen.

Kein gutes Haar an beiden? Väter und Töchter – das ist oft ein heikles Problem; besonders, wenn keine Mutter da ist. In »König Lear« gibt es keine Mütter; nur Väter mit problematischen Beziehungen zur nächsten Generation. Von Lears Frau, der Mutter seiner Töchter, ist nie die Rede; auch nicht von einer Frau seines treuen Vasallen, des Grafen von Kent. Und der Graf von Gloster berichtet nur, welchen Spaß es ihm machte, seinen unehelichen Sohn Edmund zu zeugen. Wer war seine Frau, die ihm Edgar gebar, der am Ende des Dramas die Krone und die Verantwortung für Englands Zukunft übernimmt? Sie wird nie erwähnt.

Hätten Mütter der unheilen Welt des Königs Lear ruhige Stabilität geben können? Kaum. Mütter hatten seinerzeit öffentlich wenig zu sagen. Shakespeare gibt in seinen Stücken den Müttern wenig Raum; wenn sie überhaupt auftreten. Prospero im »Sturm« ist allein erziehender Vater. Rosalinde in »Wie es euch gefällt« und Hero in »Viel Lärm um Nichts«, Desdemona und auch die widerspenstige Katherina haben nur Väter. Portia lebt im »Kaufmann von Venedig« anfangs im Schatten ihres Vaters, Helena hat in »Ende gut, alles gut« von ihrem Vater heilkräftige Medizin geerbt; von Müttern keine Spur.

Wo Mütter auftauchen, sind sie flatterhaft wie Julia Capulets Mutter, wankelmütig wie Hamlets Mutter. Und die stärkste von Shakespeares Müttern, Volumnia, stößt ihren Sohn Coriolan ins Verderben. Lady Macbeth behauptet, sie habe Kinder gesäugt – unwahrscheinlich, dafür hatte der Adel damals Ammen –, von denen man nie etwas hört. Und der Mutter von Richard III. bleibt nur die Klage, dass sie ein solch schreckliches Geschöpf zur Welt gebracht habe.

Hamlet ist der einzige von Shakespeares jungen Leuten, der seinen Konflikt mit der Mutter auszutragen sucht. Er urteilt über Gertrud und pauschal über alle Frauen:

»Schwachheit, dein Name ist Weib.«

Mit seinem Drama »König Lear« widerlegt Shakespeare das Urteil, das er Hamlet in den Mund legte: Er zeigt Menschen allgemein in ihrer Schwäche; vor allem Männer – weil dieses Drama von Männern ausgespielt wird.

Lears Schwächen sind offenkundig: Wie selbstherrlich er auftritt, sich aber von zwei Töchtern übertölpeln lässt; wie er seine Freunde verkennt. Und was altersstarrer Verlust an Realitätssinn sein mag, steigert sich im Kampf mit den beiden Töchtern und dann mit den Elementen zum puren Wahn. Kent ist zu schwach, den wütenden König zu bremsen, und kann ihm, verkleidet, nur in den Untergang dienen. Gloster ist zu schwach, seinen unehelichen Sohn Edmund zu durchschauen, und sein Schwanken zwischen Lear und dessen Erben wird ihm zum Verderben. Sein verstoßener Sohn Edgar demonstriert nackt und bloß die Schwächen des Menschen so drastisch, dass Lear ihm zuruft:

> *»Du bist das Ding selbst; der natürliche Mensch ist nichts mehr als solch ein armes, nacktes, zweizinkiges Tier wie du.«*

Und dann beginnt Lear, sich selbst die Kleider vom Leib zu reißen: Fort mit dem überflüssigen Zeug! Nicht weniger drastisch werden die moralischen Schwächen des Trios Reagan, Goneril, Edmund vorgeführt, das sich jung und stark fühlt, sexuell frei, aggressiv einer Zukunft ökonomischer Berechnung statt feudalistischer Treue zugewandt.

Solche Vorführungen werden nicht nur von Feministinnen immer häufiger hinterfragt: Was war die Vorgeschichte zwischen Lear und seinen Töchtern? Hat er sich an Reagan oder Goneril so verschuldet, dass er sich im entscheidenden Moment so von ihnen bluffen ließ? Warum erscheinen ihm in seinen wahnsinnigen Ausbrüchen Frauen als entmenschte Zentauren und weibliche Sexualität als Quelle allen Übels der Welt?

In der Düsternis dieses Dramas kann sich die Lichtgestalt von Lears jüngster Tochter Cordelia nicht entfalten. Sie ist eine tugendsame, tapfere junge Frau: Stark und selbstbewusst verweigert sie zu Beginn des Dramas hohle Schmeichelworte an den Vater, die ihr das Erbteil sichern könnten; kühn bis zur Selbstaufopferung stellt sie sich an die Spitze eines französischen Heeres, um am Ende den Vater, der sie verstoßen hat und dem sie verzeiht, aus den Klauen der Schwestern zu retten und wieder als König einzusetzen. Sie riskiert alles, um in der Wahrheit zu bleiben.

Hätte das nicht hohen Lohn verdient? Tatsächlich taucht Cordelia in den Quellen, aus denen Shakespeare schöpfte, als Königin auf. Und von 1681 bis 1823 wurde Shakespeares Drama mit Happy End gespielt: Cordelia heiratet Edgar, den stillen Helden des Stücks. Doch auf eine düstere Tragödie voller Leid und vergeblicher Sinnsuche –

»Was Fliegen sind
den müß'gen Knaben, das sind wir den Göttern;
sie töten uns zum Spaß«,

sagt Gloster – will ein Happy End nicht passen. Cordelia scheitert, wie alle scheitern. Und der künftige König hat nur mühseligen Trost für den Weitergang menschlichen Handelns:

»Dulden muss der Mensch
sein Scheiden aus der Welt, wie seine Ankunft:
Reif sein ist alles. Kommt!«

»So fahr zur Hölle und verlass die Welt!«

König Richard III.
Ein Mann mit einem Buckel, ohne Skrupel, aber mit einem verdammt schlechten Schlaf

Wenn in unseren Tagen zwei Promis in Scheidung und einander gehässig in den Haaren liegen, wer in die Knie gehen muss, wer die Villa bekommt, wer die Jacht und wer die Kinder, wenn man Intrigen spinnt, klagt und flucht, sich gegenseitig demütigt und öffentlich schmutzige Wäsche wäscht – dann kann man das in manchen Magazinen unter dem Stichwort »Rosenkrieg« lesen.

Das Stichwort ist nicht schlecht gewählt. Eine ironische Erinnerung an verwelkte Hochzeitsrosen? Wer etwas von englischer Geschichte, von Shakespeare oder von beidem weiß, erinnert sich genauer: an die »Rosenkriege« der Adelshäuser York (weiße Rose) und Lancaster (rote Rose), zwischen denen es im 15. Jahrhundert ähnlich gehässig herging, aber weit blutiger und länger als im erbärmlichsten Scheidungsverfahren: mit Intrigen, Verrat, Demütigungen und grausamer Rache im Kampf um Macht und Besitz.

Der Mann mit dem Buckel mordet sich den Weg zum Thron frei. Die Frau mit dem »Tigerherzen, in Weiberhaut gehüllt«, hält ihrem besiegten Rivalen ein Tuch hin, das sie ins Blut seines ermordeten Sohnes getaucht hat – und damit soll er sich die Tränen trocknen. Um 1485, als »The War of the Roses« zu Ende geht, steht England so elend da wie manches Promi-Paar, wenn es sich und viel von seinem Vermögen in »Rosenkriegen« verschlissen hat.

Shakespeare hat diese Zeit – dramatisch gerafft – in »Heinrich VI.« (drei Teile) und abschließend in »Richard III.« dargestellt. Wer sich nicht für englische Geschichte interessiert, findet schwer durch die wechselvollen Kämpfe, die nach dem Tod von Heinrich V. 1422 ausbrachen; dass Heinrich VI. im Alter von nur neun Monaten gekrönt wurde, öffnete ein Machtvakuum, das zum Streit einlud. Die englischen Noblen, die Warwicks und Norfolks, Buckinghams, Somersets und Stanleys, wechselten nicht selten die Fronten. Dass sie mit neuen Titeln unter neuem Namen auftreten und dass so viele George, Richard und Edward heißen, erschwert zusätzlich die Orientierung.

Doch inmitten dieser Unübersichtlichkeit ist einer stets kenntlich in seiner Krüppelhaftigkeit und rückt immer stärker in den Mittelpunkt des dramatischen Geschehens, dessen Handlungsfäden er immer fester in die Hand nimmt: Richard aus dem Hause York, Herzog von Gloster und 1482 bis 1485 König als Richard III. Eine Missgeburt. Ein Krüppel mit Buckel, lahmen Beinen, einem verdorrten Arm und angeblich schon mit Zähnen im Mund zur Welt gekommen; ohne jeden Skrupel, trotz seiner körperlichen Schwächen ein gefürchteter Krieger.

Wenn sich der Vorhang zu »Richard III.« hebt, steht er in einem Monolog zu seinen Schwächen, die ihm das Leben verbittern, und bekennt dem Publikum:

»I am determined to prove a villain.«

»Ich bin entschlossen, mich als Schurke zu erweisen.«

Das tut er dann, um mit unerbittlicher Konsequenz sein Ziel zu erreichen: die englische Krone. Im offenen Kampf, öfter durch hinterlistigen Mord, räumt er alle beiseite, die ihm den Weg zum Thron versperren; Gegner aus dem Haus Lancaster, Verwandte aus dem eigenen Haus York, auch Kinder. Er scheut keine Lüge und ist ein Meister der Intrige. Wie er um eine Frau aus dem gegnerischen Lager zu werben versteht, nur um sie für seine Karriere zu nutzen, sieht man mit schaudernder Bewunderung.

Sie ist Lady Anne, die Witwe von Kronprinz Eduard aus dem Hause Lancaster. Ihren Mann hat Richard gemeinsam mit seinen Brüdern erstochen; ihren Schwiegervater, den friedfertigen König Heinrich VI., hat er als Gefangenen im Tower erstochen. Als er Lady Anne an der Bahre des toten Königs trifft, freit Richard um sie angesichts der Leiche seines Mordopfers – und mit Erfolg! Erst spuckt sie Gift und

Galle, dann fühlt sie Mitleid angesichts der tiefen Reue, die er zeigt. Er gibt ihr sein Schwert, damit sie ihn durchbohren kann, will's selber tun, wenn sie nur sagt, dass er's tun soll. Sie lässt ihn leben. Sie hört an, wie er ihre Schönheit preist, lässt sich erweichen und zur Heirat bestimmen.

Was ist ein Don Juan mit seiner Leporelloliste erfolgreicher Verführungen gegen diesen Überredungstäter? Richard preist selbst sein Geschick:

> *»Ward je in dieser Laun' ein Weib gefreit?*
> *Ward je in dieser Laun' ein Weib genommen?*
> *Ich will sie haben, doch nicht lang behalten.«*

Der zielstrebige Krüppel bricht jeden Widerstand; mit Worten oder mit Waffen. Viele seiner Opfer wirken wie gelähmt, gehen in seine Fallen, gehen zur Hinrichtung. Viele sind in den schrecklichen »Rosenkriegen« selbst schuldig und knieschwach geworden, begingen Verrat und Morde, sodass der satanische Richard als eine Geißel Gottes erscheinen mag, die sie als Sünder heimsucht.

Gibt es niemanden, der sich diesem schreckensstarken Mann widersetzen könnte? Doch, es gibt sie. Es gibt die Frauen. Im unentrinnbaren Kreislauf von Schuld und Sühne, so schreibt Ina Habermann im »Shakespeare Handbuch«, seien es »primär die Frauenfiguren, und insbesondere Margaret, denen die Aufgabe zukommt, die Opfer zu beklagen, Unrecht anzuprangern und das Gedächtnis zu bewahren«.[2]

Drei Frauen finden in einer jammervollen Szene (IV/4) zusammen, klagen und fluchen auf Richard – über die Parteigrenzen hinweg: die Herzogin von York, die ihn geboren hat; Elisabeth, die Witwe von König Eduard IV., Richards Bruder, den er infam in den Tod geschockt hat; und Margaret, die Witwe von Heinrich VI. aus dem Haus Lancaster, den Richard im Tower erstochen hat.

Das Jammern von Frauen im Drama der »Rosenkriege« wirkt hilflos; sogar peinlich, wenn sie streiten, wer mehr Grund zur Klage habe. Doch eine der Frauen nimmt es an Machtgeschick und demütigender Brutalität fast mit Richard auf und bereitet ihm endlich den Weg in den Untergang: Margaret von Anjou. Eine starke Frau; aber eine Frau im Schatten – wie so viele starke Frauen in Shakespeares Dramen. »Margarets wichtige Rolle als Antagonistin Richards wird häufig übersehen«, stellt Ina Habermann fest.

Shakespeare lässt sie (in »Heinrich VI., Teil I«, V/3) zunächst wie nebenbei auftreten. Als die Engländer in Frankreich die stärkste Frau dieser geschichtsträchtigen Epoche gefangen nehmen, Jeanne d'Arc, führt Graf von Suffolk jene Margaret als seine Gefangene vor. Zugleich ist er von ihr so gefangen, dass er beschließt:

»She's beautiful, therefore to be woo'd;
she is a women, therefore to be won!«

»Sie ist voll Schönheit, deshalb zu umwerben;
sie ist eine Frau, deshalb zu gewinnen.«

Eben rechtzeitig fällt ihm ein, dass er daheim in England schon eine Ehefrau hat. Suffolk modifiziert seinen Plan: Margaret soll seine Geliebte sein, aber König Heinrich VI. heiraten – und über sie will er König und Reich lenken. Das gelingt nur teilweise. Der König heiratet Margaret, sie bleibt Suffolks Geliebte, doch dann wird der Graf verstoßen und – nach einem rührenden Abschied der Liebenden – geköpft. Margaret kann nur noch den Kopf des Geliebten an die Brust drücken. Der König sieht zu und meint, ihn würde sie nach seinem Tod wohl nicht so betrauern.

Er will Frieden im Land, dass er nicht sehen muss, wie ein Vater seinen Sohn und ein Sohn seinen Vater in der Schlacht erschlägt. Sie will Krieg gegen das Haus York, Sieg oder Tod! Sie zerreißt den Kompromiss, der Heinrich VI. den Thron gesichert, aber seinen Sohn zugunsten der Yorks enterbt hätte. Sie bekommt ihren Krieg, einen Sieg und den Erzrivalen Richard Plantagenet, Herzog von York, als Gefangenen. Er will die englische Krone? Sie setzt ihm eine Papierkrone auf. Ihm kommen Tränen? Sie reicht ihm ein Tuch, das sie ins Blut seines ermordeten Sohnes Rutland getaucht hat. Dann runter mit seinem Kopf und auf die Stadtmauer von York gesteckt!

Das stachelt Yorks Söhne Eduard, George und Richard zur blutigen Rache an. Heinrich VI. und sein Kronprinz werden ermordet. Das Haus York besetzt den Thron, erst Eduard, dann Richard. Die militärische Macht, die Margaret anstelle König Heinrichs ins Feld führte, ist verschlissen und zerfallen. Was bleibt Margaret noch? Ihr bleibt, König Richard III. und seine Spießgesellen, einen um den anderen, mit aller Kraft ihrer Seele zu verfluchen.

Nützt das? Heinrich Heine zweifelt und schreibt, die Zeit habe ihr die Raubtierzähne ausgebrochen: »Sie kann nicht mehr beißen, sondern nur noch fluchen, und als ein gespenstisch altes Weib wandelt sie durch die Königsgemächer, und das zahnlose böse Maul murmelt Unheilreden und Verwünschungen.«[3] Hingegen Ina Habermann in ihrer aktuellen Analyse der Margaret: »Sie tritt als Beobachterin und Kommentatorin auf sowie als personifizierte Vorsehung. Sieht man Richard als ›Spielleiter‹, so muss man auch Margaret in solcher Funktion betrachten, denn die Flüche, die sie anfangs ausspricht, verwirklichen sich geradezu rituell, wobei sich jede Figur bei ihrem Untergang der Worte Margarets erinnert.«

Das zeigt, wie die Flüche sich den Verfluchten psychisch eingegraben und durch das Schuldbewusstsein dieser Menschen lähmende Wirkung entfaltet haben; zuletzt und am stärksten beim scheinbar gewissenlosen Richard III. Ihm erscheinen in der Nacht vor der Entscheidungsschlacht gegen den Herzog von Richmond als Albtraum die Geister seiner Opfer – wie Caesars Geist dem Brutus vor der Schlacht bei Philippi – und rufen ihm zu: »Verzweifel und stirb!«

Er erwacht, nach der verfluchten Nacht, mit kaltem Schweiß bedeckt und weiß:

»Schuldig! Schuldig! Ich muss verzweifeln.«

Er reitet in die Schlacht und wird erschlagen. Margaret, die samt ihrem Sohn zu töten, Richard einst versäumte, überlebt ihn – jedenfalls bei Shakespeare, der hier, wie auch anderswo, mit Lebensdaten um des dramatischen Effekts willen locker umgeht; tatsächlich war Margaret schon im französischen Exil gestorben, bevor Richard III. an die Macht kam.

Männliche Einsicht

»Ihr Frau'n verdient,
dass man euch Tempel baut.«

Coriolan

Zwischen Schwert und Mamas Schürzenzipfel läuft ein Mann in die Irre und in den Tod

Wer kennt sie nicht, die Muttersöhnchen, die auch als Erwachsene noch weinerlich und willensschwach an Mamas Schürzenzipfel hängen? Loriot hat den Typ in »Ödipussi« trefflich vorgeführt. Und wer kennt nicht den völlig anderen Typ, den Haudegen, die Waffe zur Hand, Todesmut und Verachtung im Blick, der nichts als kämpfen will und kann? So wie Ajax vor Troja oder Schwarzenegger im Film. Shakespeare führt den edlen Römer Caius Marcius als Mischform vor: einen aristokratisch-arroganten Kampfhahn, siegesgewohnt, eine militante Führernatur, doch willensschwach, und wenn es kritisch wird, muss Mutter Volumnia ihm sagen, was er tun soll.

Volumnia ist eine starke Frau. Sie hat Caius zum Krieger erzogen. Sie dankt den Göttern für jede Wunde, die er aus der Schlacht heimbringt; 25 waren es vor dem letzten Feldzug, jetzt sind's 27. Und was wäre, fragt verschreckt des Caius Marcius friedfertige Frau Virgilia ihre Schwiegermutter, wenn dieser Mann in der Schlacht gefallen wäre?

»Dann wäre sein Nachruhm mein Sohn gewesen!«

Mutter und Heldensohn in martialischer Harmonie? Wenn es demokratischer wird und friedlicher werden soll, geht die Harmonie leicht in die Brüche. Und tatsächlich treibt die Mutter ihren Sohn in die Irre und in den Tod. Eben – es ist um 500 v. Chr. – hat der Heldensohn die Volsker besiegt, die Rom bedrohten. Während mancher seiner Soldaten zögerte, sein Leben in die Schanze zu schlagen, ist er hinter den fliehenden Volskern her mutterseelenallein in ihre Stadt Corioli gestürmt. Als das Tor hinter ihm zuschlug, hat er dort so gewütet, dass seinen Soldaten nicht viel mehr zu tun blieb, als Beute einzusammeln. Das verschaffte ihm bewundernden Respekt und einen Ehrennamen: Coriolanus.

Mama ist zufrieden. Aber einen höchsten Wunsch hat sie doch noch: Der Sohn soll Konsul werden, mächtigster Mann in Rom. Die Senatoren wählen ihn wunschgemäß. Doch die Bestätigung des Volkes einzuholen, der Plebejer, fällt Coriolan ungeheuer schwer. Es geht ihm wider die Natur. Er ist ein früher Vertreter jener Staatsdiener, die nach der Überzeugung handeln: Ich tue das Beste für das Volk – aber das Volk soll mir nicht dreinreden.

Coriolan verachtet das Volk, die »schmutz'ge, wankelmüt'ge Menge«; die verschwitzte, ungewaschene, nach Knoblauch stinkende Masse Mensch. Und er macht kein Hehl aus seiner Verachtung. Er war auch dagegen, dass in der Hungersnot unentgeltlich Korn ans Volk verteilt wurde. Doch als seine Freunde, im politischen Geschäft erfahrene Patrizier, ihm genug zugeredet haben, überwindet sich Coriolan. Er geht Stimmen betteln; mit zögernder Zunge, die Bettelsprüche mit Selbstironie gewürzt.

Zwei Ratsdiener, während sie Polster für die Senatoren auslegen, sehen Coriolan und sein Tun realistisch:

Erster Ratsdiener: »Das ist ein wackerer Gesell, aber er ist verzweifelt stolz und liebt das gemeine Volk nicht.«

Zweiter Ratsdiener: »Ei! Es hat viel große Männer gegeben, die dem Volk schmeichelten und es doch nicht liebten. Und es gibt manche, die das Volk geliebt hat, ohne zu wissen, warum.«

Noch vom Kriegsruhm umschienen, wirbt Coriolan erfolgreich um Wählerstimmen. Doch die Tribunen Brutus und Sicinius stimmen die Plebejer wieder um und verweigern ihr Placet zu Coriolans Wahl zum Konsul. Handgemenge auf dem Forum. Jähzornig will Coriolan mit dem Schwert dreinschlagen. Mühsam vermitteln seine Freunde eine Denkpause. Er geht heim, will nichts mehr von der Wahl wissen.

Coriolan ist entsetzt. Nicht über die Plebejer, von denen er kaum anderes als Wankelmut erwartet hatte, sondern über seine Mutter:

»Mich wundert, wie die Mutter
Mein Tun nicht billigt, die lump'ge Sklaven
Sie stets genannt; Geschöpfe, nur gemacht,
Dass sie mit Pfenn'gen schachern …«

So sehen die Mutter und die meisten Patrizier tatsächlich die Plebejer; bestenfalls als notwendiges Übel. Doch sie behalten das für sich und sind bereit – aus Respekt vor der republikanischen Verfassung und um des inneren Friedens willen –, ihnen entgegenzukommen und zu schmeicheln; mancher auch um der eigenen Karriere willen, wie es Volumnia ihrem Sohn vorhält:

»Du konntest mehr der Mann sein, der du bist,
Wenn du es wen'ger zeigtest!«

Sie drängt ihn, gänzlich gegen seinen Willen, sich nochmals dem Volk zu stellen und seine Bestätigung als Konsul mit passenden Worten einzuholen:

»Nicht nach des eigenen Sinnes Unterweisung,
Noch in der Art, wie dir dein Herz befiehlt:
Mit Worten nur, die auf der Zunge wachsen …«

Coriolan windet sich: Man zwinge ihm eine Rolle auf, die er nicht natürlich spielen könne. Doch Volumnia lässt nicht locker. Sie weiß, sie hat ihn am Bändel:

»Du sagtest oft,
Dass mein Lob dich zum Krieger erst gemacht,
So spiel, mein Lob zu ernten, eine Rolle,
Die du noch nie geübt.«

Der brave, willensschwache Sohn gehorcht. Er geht zum Markt und in die Falle der Tribunen. Sie wissen, wenn er gereizt wird, gerät er in Wut und redet sich um Kopf und Kragen. So geschieht es. Coriolan wird aus Rom verbannt. Er geht zum Feind, zu den Volskern, zu ihrem Anführer Tullus Aufidius. Die beiden hassen sich, sie haben sich mit dem Schwert bekämpft. Doch sie verbindet der arrogante Respekt zweier wackerer Kämpfer füreinander; blutiger Sportsgeist. Aus Coriolans Rachedurst und des Aufidius opportunistischer Überlegung, dass er sich dieses Kämpfers bedienen kann, wächst ihr Bündnis gegen Rom.

Sie verwüsten mit ihrem Heer römisches Land. Sie stehen vor Rom. Sie könnten die Stadt erobern. Rom fehlt ein Feldherr wie Coriolan. Doch der ist Roms Gegner und weist alle Friedensbitten seiner alten Freunde ab. Bis Mutter Volumnia kommt; mit seiner Frau und seinem Sohn. Er kniet höflich vor der Mutter. Dann kniet sie demütig vor ihm. Der Mutter kann Coriolan nichts abschlagen. Sie bittet nicht so sehr, Rom zu schonen. Sie drängt ihn, eine neue Rolle zu übernehmen: als Versöhner; als Friedensvermittler zwischen Rom und den Volskern.

Das ist nicht seine Rolle, nachdem die Mutter ihn zum Krieger und nur zum Krieger erzogen hat. Doch er übernimmt die Rolle, wie Mama es wünscht. Er schließt einen für die Volsker günstigen Frieden und verkündet ihnen bei seiner Rückkehr:

»Wir bringen Beute,
Die mehr als um ein Drittel überwiegt
Die Kosten dieses Krieges! Wir machten Frieden …«

Doch die alte Schmach, die Coriolan ihnen als Feind antat, brennt noch bei den Volskern. Und Aufidius ist seiner überdrüssig. Er nennt ihn, genau wie römische Tribunen ihn nannten: »Verräter!« Und wie in Rom reißt darauf der Jähzorn den Helden hin. In seinem alten Ruhm wütend, brüllt er den Volskern zu, wie er allein in Corioli sie hetzte. Aufidius und seine Verschworenen stechen zu.

Hat Coriolan seine Lage falsch eingeschätzt, als er die Volsker mit reicher Beute und Frieden für sich einzunehmen suchte? Wusste er, dass er nicht mehr zu leben hatte, seit er – der unerbittliche Krieger! – Rom verschonte? Warf er den Volskern sein Leben hin, fast als inszenierten Selbstmord?

Für den Toten lässt Aufidius gleich ehrenvoll die Trommel rühren und trägt ihn mit drei edlen Kriegern fort. Ein Ende unter Soldaten. Ganz ähnlich wie Fortinbras den toten Hamlet »als Soldaten« – der er nicht war – abtragen lässt.

Wird dieses Ende ihres starken, schwachen Sohnes der Mutter als Nachruhm genügen? Wird sich ihre Einstellung zu Krieg und Frieden ändern, nachdem sie sich doch, mit dem Sohn als Instrument, nach einem Leben voller Krieg und kriegerischer Ruhmsucht schließlich um Frieden bemüht hat? Wird sich die Erziehung künftiger Generationen ändern? Sie hatte nur einen Sohn. Sie hat noch ihren Enkel Marcius. Als sein Vater im Kampf stand, hörte sie voller Stolz, wie das Kind in seine Spur trat.

Vom Vater sagte ein römischer Freund und Feldherr, ihm folge sein Heer gegen den Feind,

> *»wie Knaben bunte Schmetterlinge jagen«.*

Vom Enkel berichtete eine Tatzeugin, wie er Schmetterlinge jagte, sie fing, sie wieder fliegen ließ, bei der Jagd stürzte, aufsprang, mit den Zähnen knirschte und den Schmetterling zerfetzte.

> *»Ganz seines Vaters Art«,*

sagte Volumnia mit stolzer Freude. Sie hatte ihren Sohn traditionsgemäß zum Krieger erzogen und ihn dann in

Rollen gedrängt, die ihm fremd waren – als demokratischer Schmeichler, als Völkerversöhner – und in denen er versagte. Ob Volumnia nach ihren Erfahrungen dem Enkel die Schwerter, die Trommeln und die verbissene Schmetterlingsjagd ausreden und seine Erziehung seiner friedfertigen Mutter überlassen wird?

Wohl kaum. Und im langen Miteinander von Männern und Frauen war Volumnia gewiss nicht die Einzige, die ihren Stolz in ihrem Sohn ausleben wollte, gemäß ihrer Erziehung, und ihm damit eine eigene, durch kritische Erfahrung wandelbare Identität versagte.

Titus Andronicus

Wie einem Mann blinde Gesetzestreue zur verhängnisvollen Schwäche wird

Sind Männer das starke Geschlecht? Und brutaler? Sind Frauen bessere Menschen? Und friedfertiger? In der Tragödie »Titus Andronicus« zeigen der römische Titelheld und die Gotenkönigin Tamara, wie sich Männer und Frauen an blutrünstiger Grausamkeit überbieten können – bis dem Publikum absurdes Theater geboten wird, um sein Entsetzen zu dämpfen.

Wer das Horrorstück im Rundbau des »Swan Theatre« in Stratford sieht und in der ersten Reihe sitzt, ganz nah an der Bühne, auf Tuchfühlung fast mit Toten und Verstümmelten, dem kann schon angst und bange werden. Und viele Shakespearianer fanden das Drama so grausig und schlecht, dass sie schworen, es sei nicht von Shakespeare; ist es aber wohl doch – aus seiner Frühzeit. Dieser Mann war zu vielem fähig; auch, den blutigen Schrecken wie bei einem Boxkampf Runde um Runde zu steigern.

Erste Runde: Starr alten Traditionen folgend, die für ihn Gesetz sind, lässt der römische Feldherr Titus den ältesten Sohn der gefangenen Königin Tamara zu Ehren der gefallenen Römer abschlachten und Kaiserssohn Saturninus (S.) als Erstgeborenen zum neuen Kaiser ausrufen; obwohl sein Bruder Bassianus (B.) der bessere Mann wäre. S. erklärt Titus Tochter Lavinia (L.) zu seiner Frau und Kaiserin, auch wenn sie die Braut von B. ist. Im nächsten Moment entscheidet sich S. jedoch für Tamara als Frau. B. entführt L. Titus ersticht jähzornig einen ungehorsamen Sohn. Er hatte mal 25, jetzt nur noch drei.

Zweite Runde: Bei einer Jagdparty stachelt Tamaras Lover Aaron (A.), ein Mohr, ihre zwei verbliebenen Söhne an, B. zu ermorden und L. zu vergewaltigen. Damit L. nichts verraten kann, schneiden sie ihr danach die Zunge heraus und die Hände ab. A. wirft die Leiche von B. in eine Grube.

Dritte Runde: A. führt zwei vertrauensselige Söhne des Titus auf einer vorgeblichen Pantherspur, bis sie in die Grube stürzen, in der B. liegt. A. zeigt sie der Jagdgesellschaft als Mörder von B. vor. Ein Gericht verurteilt sie zum Tode.

Vierte Runde: A. teilt Titus mit, wenn er sich eine Hand abhacke, werde ihm S. seine Söhne zurückgeben. Titus tut es. Seine Hand wird ihm zurückgeschickt, dazu die Köpfe der Söhne. Da geht sein letzter Sohn Lucius die Goten holen, und L. schreibt mit einem Stab im Mund in den Sand, wer sie verstümmelt hat.

Fünfte Runde: Lucius mit dem Gotenheer vor Rom. Um Verhandlungen in Titus' Haus zu arrangieren, sucht ihn Tamara mit ihren zwei Söhnen dort auf. Sie spielt verkleidet die Rachegöttin mit ihren Söhnen als den Knappen »Raub« und »Mord«, alle Titus zu Diensten. Titus spielt verrückt. Als Tamara gegangen ist, schneidet er ihren Söhnen die Kehlen durch. L. fängt in einer Schüssel das Blut auf.

Sechste Runde: Titus mit Kochmütze empfängt zum Festessen. Er ersticht L. wegen der Schande und weil sie selbst ihr Leben nicht mehr als lebenswert empfindet. Er teilt Tamara mit, dass sie eben ihre Söhne verspeist, die er zum Schmaus hergerichtet hat. Dann ersticht er Tamara. S. ersticht Titus. Lucius ersticht S. und wird Kaiser. A. wird zum Verhungern eingegraben. Was aus dem Mohrenbaby wird, das Tamara ihm heimlich geboren und das A. liebevoll weggeschleppt hat, ist unklar.

Gongschlag zur Analyse. Wer sind die Starken in diesem Stück und was sind ihre Schwächen?

Titus ist eingangs in einer außerordentlich starken Position. Er hätte Kaiser werden können. Doch sein traditionsgebundener Starrsinn macht ihn blind für Realitäten und erweist sich als fatale Schwäche. Ein Hauch von Aarons akrobatischer Flexibilität in Sachen Moral hätte ihm nützen können. Tamara – eine starke Frau? Sie kennt nur Lover Aaron und ihre Rache. Die stille, umsichtige, flexible Stärke des Lucius triumphiert. Er tritt dem Vater nicht in den Weg wie sein Bruder, den Titus deshalb ersticht. Er wird von Aaron nicht verlockt und kommt nicht vor Gericht wie zwei andere Brüder. Er verlässt Rom und weiß, wo Hilfe ist. Er sticht nur einmal zu – und der Kaiser ist tot; der Thron ist frei für ihn.

Ruhige Kraft, gewusst, wann und wie sie anwenden – das kann eine starke Lektion sein.

Und was soll uns heute ein so blutrünstiges Rachedrama? Hat Norbert Elias nicht hoffnungsvoll »Über den Prozess der Zivilisation« geschrieben? Haben wir seit Römerreich und Shakespeares Tagen nicht enorme Fortschritte gemacht? Ein Blick in die Welt, in den Nahen Osten, in manche Region, in der Rache immer wieder die Triebfeder grausamen Handelns ist, mag uns eines Schlechteren belehren. Und immer erst nachträglich können wir zeigen, im Titus-Stück und in der Weltpolitik: Da wär's genug gewesen! Da hätte Schluss sein sollen. Da hätte die Spirale von Rache und Gewalt mit humaner Vernunft abgebrochen und zu friedlichem Verständnis umgekehrt werden müssen.

Nächtlicher Schleicher

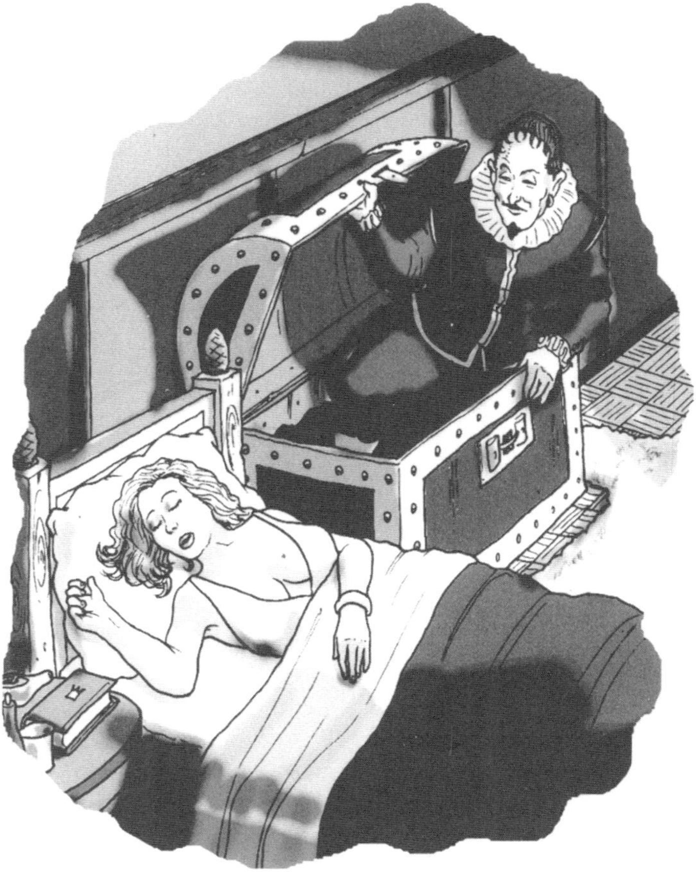

»Wie hold schmückst du dein Bett!
Du frische Lilie.«

Cymbeline

Mit seiner Frau zu prahlen, kann heißen: bitter zahlen

Ist es nicht schön, wenn Männer ihre Damen preisen? Die Minnesänger taten es in hohen Tönen und auch mancher deutsche Mann schwärmt schon mal im Freundeskreis von seiner Frau: »Sie kann gut kochen!« Oder sie sei sparsam im Verbrauch, modisch *up to date*. Schwerer fällt es, etwa ihren Fußballverstand zu preisen oder wie elegant sie rückwärts einparken kann.

Mit solchen Komplimenten räumt man doch eigene, männliche Schwächen ein. Wirklich gefährlich kann es werden, wenn einer eitel prahlt, wie unvergleichlich schön und lieb und treu die eigene Frau doch sei. Das lockt Neider an, Konkurrenten, Versucher, Verführer. Das kann böse Folgen haben, wie ein gewisser Leonatus Posthumus bitter erfahren musste.

Dieser britische Edelmann war mit Imogen verheiratet, Tochter des Britenkönigs Cymbeline. Er ist der Titelheld des Shakespeare-Stücks aus der Zeit des römischen Kaisers Augustus (30 v. Chr.–14 n. Chr.). Cymbelines zweite Frau möchte ihren Sohn Cloten, einen dümmlichen Trampel, mit Imogen verheiraten. Also sorgt sie, dass der hinderliche Ehemann Posthumus außer Landes muss; ab nach Rom. Da sitzt er dann traurig mit neuen Freunden zusammen und schwärmt von Imogen: so schön und keusch und treu! Das mag der Italiener Jachimo so nicht stehen lassen: Wetten, dass er es schaffe, ihre Treue zu brechen? Top, die Wette gilt, wie das unter Männern so geht. 10 000 Dukaten gegen Posthumus' Diamantring – und wenn Jachimo es nicht in Imogens Bett schafft, muss er sich wegen übler Nachrede Posthumus zum Duell stellen.

Jachimo segelt nach England, einen Brief von Posthumus und als Leihgabe den Diamantring zur Hand; damit

Imogen den fremden Römer vorlässt. Sie tut es. Der Latin Lover zieht einen großen Flirt ab: Wie sehr er sie bewundert, verehrt, liebt! Zugleich berichtet er mit Bedauern, wie liederlich es Posthumus in Rom treibe. Jachimo ist ganz Klage und Mitleid, Liebe und Stütze für Imogen. Sie ist irritiert, aber cool und will ihn rauswerfen. Da macht er eine geschickte Wendung: Er habe nur ihre Standfestigkeit prüfen wollen; Posthumus sei ihr treu. Nun muss sie ihm die Lügen verzeihen. Das wärmt die Beziehung. Doch er hat nur noch eine kleine Bitte, ehe er am nächsten Tag nach Rom segelt: Eine Kiste mit wertvollem Silberzeug, Geschenke von Posthumus für den römischen Kaiser, möchte er bei ihr unterstellen; zur Sicherheit, damit nichts gestohlen wird.

Sie ist gern einverstanden. Sie freut sich, dass sie ihrem fernen Gemahl damit einen Gefallen tun kann – so glaubt sie wenigstens. Sie lässt die Kiste in ihr Schlafzimmer bringen. Als sie einschläft, klettert Jachimo aus der Kiste – eine bühnenwirksame, konkret-intime Szene in einem sonst etwas chaotischen Stück. Jachimo erinnert sich, dass Tarquin einst die Keuschheit der Lucretia beschlich. Er aber späht nur alles aus und schreibt pedantisch auf: was auf den Gemälden ist, die Figuren, den Teppich. Frech stiehlt er der Schlafenden ihr Armband, entdeckt auch noch, unterm linken Busen, ein unverkennbares Mal – und verschwindet wieder in der Kiste.

Was soll Posthumus sagen und tun, als Jachimo, wieder in Rom, ihm berichtet, wie er Imogens Tugend gebrochen habe? Dass er Gemälde und Teppich ihres Schlafgemachs beschreiben kann, mochte noch hingehen. Ihr Armband aber wirkt als lastender Beweis, die Kenntnis des Mals unterm linken Busen als intimes Siegel des Berichts. Posthumus zahlt die Wette mit seinem Diamantring und verflucht Imogen. Er schreibt pauschal alles Böse am Menschen »des Weibes Teil« an seiner Entstehung zu: Lügen, Trug, Wollust, Ehrsucht usw. Dann beauftragt er brieflich seinen Diener Pisanio, der bei Imogen geblieben ist, dieses Weib zu ermorden. Der Diener tut es nicht, sodass Posthumus und Imogen, als Jachimo in der

Schlussszene seine Schurkerei gesteht, wieder glücklich zusammenfinden können.

Da liegt nun der Übeltäter auf den Knien, überreicht Posthumus pflichtschuldig seinen Diamantring und Imogens Armband – bereit für den Todesstreich.

Posthumus: »Knie nicht vor mir;
Die Macht, die ich besitz, ist, dich verschonen;
Und meine Rache, dir verzeihen. – Lebe,
Sei besser gegen andere.«

Wie schnell sich unter Männern nach solch prahlerischem Leichtsinn des einen und solch schurkischem Wettgewinn des anderen alles einrenkt und verziehen wird!

Zwischen diesen beiden Männern zeigt sich Imogen als wackere Frau – treu, stark und umsichtig, voller Vertrauen zu dem Mann, den sie liebt. Sie liebt den Bürgersohn Posthumus, hat seinetwegen zum Ärger ihres Vaters fürstliche Freier abgewiesen, hält sich ihren Stiefbruder Cloten vom Leib und lässt ihren Posthumus auch nicht von Jachimo mit übler Nachrede aus Rom anschwärzen. Sofort als Posthumus sie brieflich zum Treffen in Wales auffordert, verlässt sie den Hof und reitet im Eiltempo mit seinem Diener Pisanio nach Milford Haven – ohne zu ahnen, dass er Posthumus' Mordbefehl für »die Metze« in der Tasche hat. Doch statt sie umzubringen, entwickelt Pisanio ihr einen Plan: Sie solle sich als Mann einkleiden, als Page eines römischen Gesandten nach Rom reisen und dort die Sache mit Posthumus klären. Dazu kommt es nicht; denn nach manchem Abenteuer findet sie mit ihrem heimgekehrten Mann in Wales zusammen.

Imogen ist auch eine von »Shakespeares starken Töchtern«, die – wie Cordelia zu Lear und Mariana zu Pericles – treu zum Vater halten; denn ihre Flucht vom Hof bewirkt den Tod von Cloten und seiner Mutter, sodass ihr königlicher Vater sich in Leben und Herrschaft, mit ihr versöhnt, neu und besser einrichten kann.

Lange bevor er (um 1610) »Cymbeline« schrieb, hatte Shakespeare (1593) das Dreieck Prahlhans Ehemann – hintergangene Frau – schändlicher Eindringling schon in große, tragisch-poetische Form gebracht: in »The Rape of Lucrece«. Lucretia war in altrömischen Tagen die Ehefrau eines gewissen Collatin. Im Feldlager, gegenüber dem Königssohn Tarquin, weiß er Schönheit und Keuschheit seiner Frau nicht genug zu preisen. So aufgegeilt, von Collatin seiner Frau freundlich anempfohlen, eilt Tarquin sie besuchen – und vergewaltigt sie brutal in der ersten Nacht. Lucretia ruft ihren Mann heim, berichtet, was geschah, verpflichtet ihn und seine Freunde zur Rache und ersticht sich, sobald sie zum Schluss ihres Berichts den Namen des Übeltäters genannt hat: Tarquin! Der Königssohn wird vom wütenden Volk auf ewig aus Rom verbannt.

Die legendäre Tragödie war in frühen Zeiten oft Anlass zu Erörterungen von Schuld und Sühne. War Tarquin allein schuldig – oder auch Lucretia, der er eine Schuld einreden wollte, die sich selbst schuldig fühlte? Hatte sie Tarquin zu freundlich empfangen? Hätte sie sich stärker wehren können? Shakespeares Urteil zur Schuldfrage ist eindeutig:

»Wenn die rohe Macht
Des Mannes eine Frau zu Fall gebracht,
Sollt er's allein sein, den die Schande trifft,
Sie ist das Buch nur seiner Sündenschrift.«

Und wie viel Schuld ist Prahlhans Collatin zuzumessen? Lucretia erwägt es nach Tarquins Überfall:

»Zwar trag ich Schuld am Schiffbruch meiner Ehren,
Doch dir zu Ehren nur empfing ich ihn!
Du sandtest ihn; konnt ich ihm Zutritt wehren?«

Wieder ist Shakespeare – gleich zu Beginn seines Epos – klarer im Urteil mit dem Hinweis, dass Collatin mit der Anpreisung seiner Frau gegenüber Tarquin »die Klugheit oft verletzte«.

Die Zeiten haben sich geändert, seit Tarquin zu Lucretia oder Jachimo zu Imogen schlich. Doch immer noch mag gelten:

Mit seiner Frau zu prahlen,
kann heißen: bitter zahlen.

Timon von Athen

Wenn es eine Pleite gibt, könnte es daran liegen, dass die Frauen fehlen?

Können Frauen nicht wirtschaften? Verstehen sie sich nicht aufs Managing? Vermutlich stimmt das nicht. In den Wirtschaftsfakultäten der Universitäten und am Start in die Wirtschaftspraxis halten sie gut mit; oder überdurchschnittlich. Doch je höher das Management, desto höher die Hemmschwelle, wenn es um die Einstellung von Frauen geht; die Luft wird dünner, ebenso der Anteil von Frauen.

Wie lässt sich die Hemmschwelle überwinden? Vielleicht im Bewerbungsgespräch mit dem diskreten Hinweis: »Denken Sie doch mal an Shakespeare und Timon von Athen!« Vielleicht ist der Mann mit der Hemmschwelle ja gebildet, kennt Shakespeare und sogar seinen Timon. Dann mag er sagen: »In dem Stück zeigt sich, wie elend es hergeht, wenn man nicht mehr liquide ist.« Dann mag er von Banken erzählen, die es mit ihren Krediten halten wie die Verleiher von Regenschirmen: »Bei schönem Wetter werden sie günstig angeboten, aber sobald die ersten Tropfen fallen, werden sie zurückgefordert.«

»Stimmt«, sagt die Bewerberin, »aber es ist doch nicht weniger bedenklich, dass es in diesem Pleitenstück keine einzige Frau gibt.«

Da muss der mit der Hemmschwelle doch nachdenklich werden und es ist kaum zu erwarten, dass er noch darauf hinweisen wird, dass Huren und Tänzerinnen als Amazonen auftreten. Sonst ist »Timon von Athen« tatsächlich ein Stück ohne Frauen. Nur Männer. Im Mittelpunkt Timon, ein Krösus; superreich und verschwenderisch. Geld ist seine Stärke. Ein scheinbar unerschöpfliches Vermögen.

Timon hat ersichtlich keine Einnahmen, nimmt keine Zinsen, nimmt nicht einmal seine Darlehen zurück; denn:

»Wer zurücknimmt,
kann nicht mit Recht behaupten, dass er gibt.«

Das ist schlechtes Wirtschaften. Da lässt sich ausrechnen, wann das Vermögen verbraucht ist. Doch Timon rechnet nicht, nur sein treuer Verwalter Flavius. Und Timon hört nicht auf ihn, auch nicht auf die Mahnungen des satirischen Philosophen Apemantus. Timon bewirtet und beschenkt in Saus und Braus seine guten Bekannten, auch den Feldherrn Alcibiades und seine Ritter, empfängt Kaufleute und Juweliere, treibt Kultursponsering mit Malern und Dichtern, die ihm schmeicheln.

Warum das alles? Weil er – ohne Frau und wirkliche Freunde – anders keine Streicheleinheiten bekommt? Aus Freude am Geldausgeben, in permanentem Kaufrausch? In der Illusion, sein Vermögen sei unendlich? Denn Macht auf längere Sicht, einen Spitzenplatz in einer karriereorientierten Seilschaft, kauft er sich nicht.

»Wer ihn beschenkt,
Wird siebenfach belohnt; und keine Gabe,
Die nicht Vergeltung ihrem Geber bringt,
Weit über alles Maß.«

Das klingt wie Potlasch, ein Kräftemessen indianischer Häuptlinge, die sich, um ihre Stärke zu beweisen, mit immer größeren Geschenken übertrumpften – und sich nicht selten beide ruinierten. Doch Timon ruiniert nur sich selbst und wird, als er Pleite geht, von allen verlassen, die er beschenkt, bewirtet und so luxuriös bedacht hat.

Timon reicht keinen Insolvenzantrag ein. Er verabschiedet sich stilechter. Er lädt noch einmal den ganzen Schwarm vorgeblicher Freunde zum Bankett. Das macht sie stutzig. Ist er nicht pleite? Hat er sie nur prüfen wollen?

Timon ist pleite. In den Schüsseln, die er im Prunksaal seines Hauses auftragen lässt, ist nur lauwarmes Wasser. Und Timon rast. Er nennt sie »Maulfreundrotte« und schüttet ihnen das Wasser ins Gesicht; auch, um die Schmeicheleien abzuwaschen, mit denen er sie früher schminkte, und um ihre Bosheit sichtbar zu machen.

Dann flüchtet er in den Wald, in eine Höhle und kultiviert seinen Menschenhass. Lange hatte er nicht auf den Zyniker Apemantus gehört, der sich wunderte, dass Mensch und Mensch sich je zu trauen wagten; der empfahl, beim Bankett keine Messer aufzulegen: weil sonst Gefahr sei, dass man sich gegenseitig die Kehlen durchschnitte. Nun bekennt sich Timon, als Alcibiades ihn in seiner Höhle besucht:

»Misanthropos bin ich und hasse Menschheit.
Wärst du doch, besser dran zu sein, ein Hund,
So liebte ich etwas dich.«

Man hört auch heute von Menschen, die sich aus tiefer Enttäuschung durch Menschen in Tierliebe flüchten.

Als ihn hungert, gräbt Timon nach essbaren Wurzeln. Er findet keine. Er findet Gold. Das gibt er locker weg. Zwei Räubern drängt er es mit so vielen Belehrungen auf, dass sie darauf verzichten und beschließen, ihren Beruf aufzugeben. Die Senatoren, die den Neureichen nach Athen zurückholen wollen, weist er ab. Er finanziert Alcibiades ein Heer, um in Athen aufzuräumen.

Alcibiades hat eine Rechnung offen mit Athen. Die Senatoren hatten seine militärischen Dienste um die Stadt nicht als hinreichend eingeschätzt, um einem seiner Kampfgefährten nach der Verurteilung Gnade zu gewähren. Das stört den Gerechtigkeitssinn des Feldherrn. Er wägt nicht Gold und materielle Gaben, sondern loyale Verdienste. Verbittert wie Timon, aber ohne Realitätsverlust zieht er mit dem Heer gegen Athen. Die Stadt unterwirft sich, die Senatoren versprechen Recht für Timon und Reformen – doch Timon ist schon gestorben.

Er hatte zwischen schmeichelnder Verschwendung an andere Menschen und verächtlichem Hass auf die ganze Menschheit geschwankt. Der Zyniker Apemantus hat sein Problem beschrieben:

»Den Mittelweg der Menschheit hast du nie gekannt, nur die beiden äußersten Enden.«

Wie hätte er einen Mittelweg finden können? Mithilfe einer Frau als Partnerin? Der ganzen Gesellschaft fehlen die Frauen. Kritisch merkt Sabine Schülting im »Shakespeare Handbuch« an: »Die einzigen weiblichen Figuren sind die Amazonen aus Akt I sowie die Prostituierten in IV/3, die Timon mit dem Auftrag nach Athen schickt, Geschlechtskrankheiten zu verbreiten. Mit den Huren sowie den Allegorien von der ›Dame Fortune‹ und der mitleidslosen ›Mutter Natur‹, die dem nach Wurzeln grabenden Timon nur Gold gibt, wird Weiblichkeit als unberechenbare Macht entworfen und mit Sterilität, Prostitution und letztlich der Logik des Geldes assoziiert.«[4]

Dieser enge, einseitige Entwurf von Weiblichkeit lässt sich in dem Stück, das an mittelalterliche *morality plays* erinnert, auch anders lesen: als Akzent auf die kritische Darstellung einer unfruchtbaren Männergesellschaft. Timon scheitert am fruchtlosen Umgang mit Gold, das ihm als Vermögen keine Freundschaften einbringt und sein Unvermögen dokumentiert, Nahrung zu finden. Finsterer Zynismus und militärische Loyalität können dieser Männergesellschaft kaum besseren Sinn geben.

Als Timon zu Alcibiades sagt, seine Ländereien seien das Schlachtfeld, stimmt der Feldherr zu:

»Ay, defiled land, my lord.«

»Defiled« heißt »besudelt, verdorben, geschändet«. Ist »Timon von Athen« ein prophetisches Stück über Männerwirtschaft in einer verdorbenen Natur, in der sich viel Geld, aber keine Nahrung mehr einbringen lässt? Die Frage sollte in unserer Zeit hellhörig machen.

Mutige Frauen zeigen ihre Stärken

Die lustigen Weiber von Windsor

Wie derbe Bürgersfrauen gnadenlos Shakespeares wackeren Sohn versenken

Falstaff ist ein Kerl wie ein Fass: so rund, so dickbäuchig, an guten Tagen voll von Wein und Witz und weisen Wahrheiten; an schlechten Tagen böse, tückisch und gewalttätig. Er ist feige, Vorsicht ist für ihn der bessere Teil der Tapferkeit. Er hält nicht viel von Ehre, aus der man einem Kriegskrüppel keine neuen Arme und Beine schneidern kann; ein überzeugter Pazifist, der aber keine Skrupel hat, arme Schlucker, die ihn bei der Musterung nicht bestechen können, als Kanonenfutter in den Krieg zu schicken; oder selbst, wenn er doch aufs Schlachtfeld muss, zu plündern und sich Ruhm anzulügen. Ein liebenswerter Gesell, vor dem man stets auf der Hut sein muss; besonders Frauen, die er bedrängt, obschon er lieber einen großen Pokal Rheinwein zur Hand hätte.

Dieser Sir John Falstaff ist William Shakespeares ureigenes Geschöpf, ein Kind seiner dichterischen Phantasie, die stets zur dramatischen Bühnenwirkung drängte. Romeo und Julia, Caesar und Cleopatra, Othello, Hamlet & Co., die vielen Gestalten seiner Dramen, hat er fast alle vorgefunden: in Geschichtsbüchern, in Legenden und Novellen. Shakespeare hat sie poetisch ausstaffiert, verfeinert, vergröbert, auch karikiert, ihnen eine neue Seele und differenzierte, heute weltweit kenntliche Charakterzüge gegeben: einem wahnsinnigen Lear, einem Krüppelschurken wie Richard III. Doch der lotterige Ritter Falstaff ist seinem eigenen Kopf entsprungen, wie Pallas Athene dem Kopf des Zeus: fix und fertig in Gestalt und Charakter. Athene gerüstet mit Speer und Schild, Falstaff mit Durst nach Wein bis zur Trunkenheit und nach Freiheit bis zur Anarchie.

Falstaff und seine Spießgesellen tauchen erstmals in

Versunkene Hoffnung

»Gott schafft das Land,
das Schicksal unsere Frauen.«

Shakespeares Königsdramen »Heinrich IV., 1. und 2. Teil« von 1597/98 auf. Vom »Wirtshaus zum Eberkopf« aus treiben sie als Wegelagerer ihr Unwesen; mit dabei Kronprinz Hal, der sich in der Spelunke mehr zu Hause fühlt als am Hof seines Vaters Henry IV. Bei Falstaff lernt der Kronprinz, wie es im Leben zugeht; eine wichtige Lektion auf seinem Weg zum Herrscher, als den Shakespeare ihn in »Heinrich V.« idealisiert. Als Henry V gekrönt wird, meint Falstaff, nun sei er ein gemachter Mann. Doch der König schüttelt ihn ab:

»Ich kenn dich, Alter, nicht …«

Freunde von gestern; so halten es manche noch heute in der Politik. Des Königs Abkehr ist verständlich, doch Falstaff bricht sie das Herz. Während Henry V mit seinem Heer nach Frankreich aufbricht, kann Frau Hurtig, die Wirtin der Schänke in Eastcheap, nur noch Falstaffs Tod mitteilen.

Falstaff war eine Randfigur in Shakespeares Königsdramen, doch er dominierte manche Szene. Er gab Feuer in diese Dramen, die oft nicht sehr kurzweilig fließen; besonders für ein Publikum, das an englischer Geschichte kaum detailliert interessiert ist. Falstaff war seinerzeit sofort populär und hat seither längst sein Eigenleben entwickelt; zusätzlich durch Verdis Falstaff-Oper und in Deutschland heute durch Norbert Kentrup von der bremer shakespeare company als idealer, fülliger Falstaff-Interpret.

Auch Königin Elisabeth I. schätzte den Dickwanst. Es heißt, sie habe sich gewünscht, Sir John Falstaff verliebt zu sehen: Falstaff in Love! Shakespeare wetzte seinen Gänsekiel und schrieb eilig »Die lustigen Weiber von Windsor«. In dieser Komödie ist Falstaff so fett wie eh und je, aber sein scharfer Witz und sein weiser Instinkt sind sichtlich abgemagert; *not fit for love.* Eine kräftige Komödie, in der burschikose Bürgerinnen dem Ritter, den mehr Geld- als Sexgier in ihr Haus treibt, deftig zeigen, was eine Harke ist.

Im ländlichen Windsor hat es Falstaff auf Frau Ford

und Frau Page und auf ihr Geld abgesehen, das er auch noch von dem misstrauisch-eifersüchtigen Herrn Ford einzutreiben sucht. Doch in einem chaotischen Spiel von zwei Dutzend Akteuren und elf Intrigen und Gegenintrigen stehen die Frauen zusammen und haben dreimal ihren Spaß. Das erste Mal, als Sir John sich bei Frau Ford einfindet, muss er sich gleich vor dem Ehemann in einem Wäschekorb verstecken und wird mit der schmutzigen Wäsche in die Themsewiesen gekippt. Noch kräftig verschnupft, wagt er ein zweites Rendezvous. Diesmal muss er sich im Hause Ford als alte Frau verkleiden und wird schrecklich verprügelt. Grün und blau, doch unbelehrbar kommt er auch zum dritten Rendezvous, in Windsor-Park, wo ihm um Mitternacht statt liebender Umarmungen ein Reigen von Elfen und Gespenstern inszeniert wird.

> *Falstaff: »Ich fange an zu merken, dass man einen Esel aus mir gemacht hat.«*

Am Sieg der Weiber von Windsor gibt's keinen Zweifel. Doch die Kleinbürgerinnen und ihre Männer merken kaum, welch gesellschaftlicher Mief aufsteigt, während sie Falstaff in Themse und Traurigkeit versenken. Wer Falstaff kannte, als er noch voller Witz und Weisheit war, muss Mitleid haben und um ihn trauern. Einen Mann böse abblitzen lassen, macht noch keine starken Frauen, und nicht jeder Sieg ist ein Gewinn.

Der Kaufmann von Venedig

Souverän und heiter hilft eine Frau den Männern weiter

Wer wundert sich heute noch, wenn vor Gericht eine Staatsanwältin die Anklage vertritt, eine Anwältin den Angeklagten verteidigt oder wenn eine Richterin das Urteil spricht? Frauen übernehmen in der Bundesregierung das Justizressort, die blitzgescheite Jutta Limbach wurde Vorsitzende des Bundesverfassungsgerichts. Höher geht's nicht in der Justiz.

Diese starke Stellung von Juristinnen ist neuen Datums. Vor 100 Jahren, zu Kaisers Zeiten, konnte man sich so etwas nicht vorstellen. Vor 400 Jahren, als Shakespeare sein Rechtsdrama »Der Kaufmann von Venedig« schrieb, noch viel weniger. Was also konnte eine Frau seinerzeit in England tun, wenn sie sah, wie Männer sich in einem fatalen Rechtsstreit so verrannt hatten, dass gleich Blut fließen würde? Wenn sie sich zutraute, das zu verhindern, aber wusste, als Frau käme sie nie in den Gerichtssaal? Da gab es doch – bei Shakespeare – nur eins: Sie muss sich als Mann verkleiden.

Das tut Portia; und ihre vertraute Dienerin Nerissa tut mit. Rein bühnentechnisch kehren so die beiden jungen Burschen, die diese Frauenrollen spielen, ins eigene Geschlecht zurück. Dieses Wechselspiel arrangiert Shakespeare in seinen Stücken so oft, dass man spürt, welches Vergnügen der Dramatiker am androgynen Spiel hatte – und seinem Publikum damit bereitete; mal zart, mal deftig, mal schlicht, mal komisch.

Portia betreibt die Verwandlung zum bitterernsten Gerichtsgang wie einen Scherz. Sie übt lange Männerschritte und heiseren Diskant. Sie sinnt auf geckenhafte Streiche, mit dem Degen an der Seite. Sie weiß, dass sie auch in Männersachen ihre Frau stehen wird. Sie ist eine junge, heitere, souveräne Frau. Sie würde heute in Jeans wie im großen Abendkleid gute Figur machen, am Kochherd und am Klavier; dazu als ausgefuchste Juristin – eine wie Hillary Clinton; aber mit mehr Humor. Wenn es einen zweiten Teil zu Shakespeares Stück gäbe, könnte sie ihren Mann Bassanio die Karriereleiter in Venedig hochschieben oder selber klettern gehen. Doch warum, wenn sie abseits vom *rat race* der *businessmen* auf ihrem Landsitz Belmont in Musik, Schönheit und Frieden leben kann?!

Portia ist eine Frau, die weiß, was sie will; die bekommt, was sie will: fachkundig, heiter, gelassen. Sie ist die Lichtgestalt des Dramas, das zu Shakespeares Komödien gezählt wird, aber eher als Tragödie aufgefasst wird; besonders in Deutschland. Warum nimmt man so wenig Notiz von dieser Portia, allenfalls von ihrer gern zitierten Gnadenrede? Weil sich die Aufmerksamkeit der Regisseure, der Kritiker und des Publikums auf den Juden Shylock konzentriert; besonders in Deutschland. Wie soll man Shylock geben – nach allem, was mit den Juden geschehen ist; besonders in Deutschland?

Zu Shakespeares Zeit war Shylock eine komische Figur in der Komödie. Dann schwankte sein Charakterbild: mal geldgieriger Jude mit dem Messer in der Hand, um dem Kaufmann Antonio das Herz aus dem Leib zu schneiden; mal gequältes Opfer von Spott und Hohn und Fußtritten christlicher Kaufleute, die ihn anspucken und anrüpeln. Ein Fremdkörper, auf den man keine Rücksicht nehmen muss, selbst wenn man in Notlagen sein Geld nimmt; auch dann nicht, wenn er klagt und bittet:

> *»Hat nicht ein Jude Augen? Hat nicht ein Jude Hände, Gliedmaßen, Werkzeuge, Sinne, Neigungen, Leidenschaften? Mit derselben Speise genährt, mit denselben Waffen verletzt, denselben Krankheiten unterworfen, mit denselben Mitteln geheilt, gewärmt und gekältet, von eben dem Winter und Sommer, als ein Christ? Wenn Ihr uns stecht, bluten wir nicht? Wenn Ihr uns kitzelt, lachen wir nicht? Wenn Ihr uns vergiftet, sterben wir nicht?«*

In einer interessanten Aufführung in Stratford war

Shylock anfangs durch mehrere Szenen – ohne dass er als Jude sonderlich auffällig wurde – ins moderne Bankermilieu auf der Bühne integriert: Manager in Hemdsärmeln, raffiniert und raffgierig, mit PCs und Aktenköfferchen und lautem Börsengeschrei in ihrem Gehege aus Stahl und Glas. Gegen diese rasselnde, quasselnde Geschäftigkeit konnte sich Portias Belmont mit leiser Musik und femininem Raffinement licht und gut abheben.

Wenn Shylock auftritt, wenn diese Figur analysiert wird, verdüstert sich das Stück zur Tragödie; selbst wenn Shylock immer noch auch komische Züge zeigt. Wenn Portia auftritt, in Belmont oder in Venedig, heitert die Szene sich auf. Shylock wird immer im Mittelpunkt der Aufmerksamkeit stehen. Doch Portia verdient mehr Aufmerksamkeit, als sie bisher bekommt: Wie souverän sie ihren Weg geht – eine Frau für unsere Zeit, in der die Banken-Börsen-Geschäftigkeit der Wirtschaft ihren Glorienschein verliert und wir nach anderen Lebensformen, neuem Lifestyle, Ausschau halten.

Portias Optimismus kann beflügeln. Gleich anfangs ist sie strahlender Laune, obwohl manche Frau in ihrer Lage vor Angst zittern würde. Denn ihr Vater hat ihr neben einem reichen Erbe, dem Landsitz Belmont (mit ungeklärten Einkünften), eine bindende Vorschrift hinterlassen, wen sie heiraten soll. Portia, brave Tochter, hat die Vorschrift akzeptiert: Der Bewerber wird ihr Mann, der unter drei Kästchen – eins golden, eins silbern, eins bleiern, jedes mit einem Spruch versehen – das richtige auswählt; es enthält Portias Bild und macht sie zur Braut. Die Bewerber stehen Schlange. Keiner gefällt Portia. Es sind tatsächlich unerfreuliche Typen darunter. Ein Neapolitaner, der nur für Pferde lebt; ein Deutscher, der nachmittags regelmäßig betrunken ist; ein Engländer, der nur Englisch spricht, von dem Portia kein Wort versteht.

Falls einer von ihnen beim Zocken – Gewinnchance immerhin 33 1/3 Prozent – auf das richtige Kästchen tippte, müsste Portia für immer mit einem Pferdenarren, einem Trinker oder einem unverständlichen Ehemann leben! Auch dass ein prinzlicher Macho oder ein Sadist den Sieg erringt, der jeden Morgen routinemäßig seine Frau verprügelt, schließt der Hindernislauf nicht aus, den Portias Papa ersonnen hat.

Doch Portia vertraut Papa, vertraut Shakespeare und ihrem guten Stern. Optimismus siegt. Die Freier ziehen ab. Auch der Prinz von Marokko und der Prinz von Aragon tippen daneben; auf Gold und Silber. Portia hofft, dass endlich einer auftaucht, der ihr bei einem Besuch gut gefallen hat; Bassanio, ein venezianischer Edelmann.

Optimismus verleiht Wünschen manchmal Flügel. Bassanio rückt schon an; mit großer Pracht und reichen Präsenten – alles auf Pump. Bassanio ist ein netter Kerl, aus gutem Hause. Aber an Vermögen fehlt es, eine geregelte Tätigkeit ist nicht nachweisbar – man könnte ihn, das ist ja keine Schande, einen Playboy nennen. Das Geld für die Brautfahrt wollte er bei Antonio leihen, dem Kaufmann von Venedig, mit dem ihn eine enge Freundschaft – homoerotisch, vielleicht mehr? – verbindet. Bassanio hat bei Antonio schon hohe Schulden. Diese und die neuen Schulden für die Brautfahrt will er mit einer Strategie abtragen, die den Zocker zeigt. Er erklärt Antonio, wenn er als Schuljunge einen Pfeil verschoss und ihn nicht wieder finden konnte, habe er noch einen abgeschossen, besser aufgepasst, wo er hinflog

»Und, beide wagend, fand ich beide oft.«

Jetzt hat er sein Ziel fest im Visier:

»In Belmont ist ein Fräulein, reich an Erbe,
Und sie ist schön …«

Reichtum vor Schönheit; Antonio würde Bassanio für die Brautschau gern noch mal leihen, doch er ist nicht flüssig.

»Du weißt, mein sämtlich Gut ist auf See,
Mir fehlt's an Geld …«

So treibt es Bassanio zu Shylock, der gemeinsam mit seinem Freund Tubal 3000 Dukaten herleiht, auf Antonios Bürgschaft; eine Schuldverschreibung, ausnahmsweise ohne Zinsen.

»Und zum Spaß,
Wenn Ihr mir nicht auf den bestimmten Tag
An dem bestimmten Ort die und die Summe,
Wie der Vertrag nun lautet, wiederzahlt:
Lasst uns ein volles Pfund von Euerm Fleisch
Zur Buße setzen, das ich schneiden dürfe
Aus welchem Teil von Euerm Leib ich will.«

Antonio unterschreibt das, voller Vertrauen, dass seine Schiffe mit reicher Ladung längst vor der Dreimonatsfrist zurück sein werden und er den Wechsel einlösen kann. Nun ist der Knoten des Dramas geschürzt. Dafür ist es unerheblich, ob Shylock sich mit seinem zinslosen Darlehen bei der christlichen Kaufmannsschaft einschmeicheln und mit der merkwürdigen Buße scherzen wollte oder schon blutige Absichten hegte.

Bassanio wird in Belmont von Portia liebevoll aufgenommen; als ehrliche Haut gesteht er, dass er arm ist. Das stört Portia nicht. Er darf Kästchenwählen gehen und tippt aufs Blei.

»Dein schlichtes Ansehen spricht beredt mich an:
Ich wähle hier und sei es wohl getan.«

Es ist das richtige Kästchen. Wie hat er das herausgefunden? Weil der Spruch zum Kästchen

»Wer mich erwählt, der gibt und wagt sein alles dran«

das Zockergemüt des mittellosen Playboys ansprach? Oder hatte Portia ihm heimlich einen Tipp gegeben? Telepathisch? Durch die Musik, die sie einspielen ließ? Vermutlich, aber kaum zu beweisen.

Warum sollte es Bassanio sein? Portia kannte ihn, flüchtig, er war schon einmal in Belmont, im Gefolge eines Marquis; »ein Venezianer, ein Studierter und Soldat«, wie sich Nerissa erinnert: ein schöner, sympathischer Mann – da sind sich Portia und die Dienerin einig. Und wie steht es mit Geist und Charakter, Intelligenz und dem Talent eines Managers für Belmont? Portia scheint nicht nachgeforscht zu haben. Wie sie darauf vertraute, dass ihr Vater das richtige Auswahlverfahren für Bewerber erfunden hatte, so vertraut sie darauf, dass Bassanio der richtige Mann ist. Wie es in einer patriarchalischen Gesellschaft verlangt wird, wechselt die heitere, kluge, souveräne junge Frau aus der Hand ihres Vaters, wie dieser sie mit der Kästchenprobe noch über den Tod hinaus ausstreckte, in die Hand des Mannes, den Papa für sie erwählt hat.

Sie sagt das auch frank und frei, kaum dass sie den ersten Kuss mit Bassanio getauscht hat, erklärt sich unerzogen und ungebildet, fast wie ein nettes Dummchen, gibt sich ganz in seine Führung.

»… from her lord, her governor, her king.
Myself, and what is mine, to you, and yours,
Is now converted: but now I was the lord
Of this fair mansion, master of my servants,
Queen o'er myself; and even now, but now,
This house, these servants, and this same myself,
Are yours, my lord. I give them with this ring.«

»… als ihr Gemahl, ihr Führer und ihr König!
Ich selbst, und was nur mein, ist Euch und Eurem
Nun zugewandt; noch eben war ich Eigner
Des schönen Guts hier, Herrin meiner Leute,
Monarchin meiner selbst: und eben jetzt
Sind Haus und Leut und ebendies Ich selbst
Euer Eigen, Herr. Nehmt sie mit diesem Ring.«

Das ist keine große »Unterwerfungsrede« *(submission speech),* wie sie Katherina nach »Der Widerspenstigen Zähmung« als Appell an alle Frauen richtet. Es sind nur wenige Sätze, leicht zu überhören, weil sich die Aufmerksamkeit des Publikums schon auf den Ring, mehr noch wenige Momente später auf eine dramatische Nachricht richtet; doch Bassanios unbeschränkte Anerkennung als Herr und Meister Portias und von Belmont ist eindeutig.

Wie kann eine so kluge Frau sich und alles so hingeben? Sie weiß es noch nicht – aber in Kürze wird sich zeigen, dass sie Bassanio an Geschick, Entschlusskraft, Durchsetzungsvermögen und praktischem Wissen weit überlegen ist. Man muss wohl annehmen, dass Portia sich mit der Anerkennung ihres Herrn der gesellschaftlichen Konvention beugt – im Vertrauen darauf oder mit dem stillen Vorbehalt, dass sie, wenn's nötig ist, doch die Zügel in die Hand nimmt; auch wenn er Titel und äußere Würde trägt. In einem solchen balancierten Zusammenspiel zeigt sich eine innere Souveränität Portias und vieler anderer Frauen – bis heute.

Jedenfalls hat Portia den Mann, den sie haben wollte. Und Nerissa auch: Bassanios Begleiter Graziano.

Happy End? Nicht schon im dritten Akt; nicht bei Shakespeare. Wenn sich bei Shakespeare Glücksgefühl ausbreitet, kommt oft ein Bote, der ein Unglück meldet. So auch hier. Der Bote aus Venedig bringt einen Brief vom Kaufmann Antonio: Alle seine Schiffe seien verunglückt. Er konnte Shylock die 3000 Dukaten nicht fristgerecht zahlen. Was Antonio als Scherz unterschrieb, dass Shylock ihm ein Pfund Fleisch ausschneiden darf, ist bitterernst. Der leichthin geschürzte Knoten hat sich zusammengezogen, schneidet ins Fleisch. Antonios letzter Wunsch: im Sterben Bassanio noch einmal sehen. Portia mahnt ihn zum Aufbruch:

»O Liebster, geht, lasst alles andere liegen!«

Die Hochzeit wird verschoben, Bassanio mit Gold ausgestattet, um Antonio auszulösen. 3000 Dukaten? Das Zwanzigfache gibt Portia ihm mit! Sie lässt es nicht dabei bewenden. Sie liebt Bassanio, doch sie schätzt ihn richtig ein. Er ist nicht der Mann, das Schicksal zu wenden, wenn es hart auf hart geht. *A man for all seasons?* Portia hat Zweifel. Und sie ist eine Frau, die Zweifel mit schnellen Entschlüssen behebt. Sie wird selbst vor Gericht gehen, Antonio beistehen! Auch um ihre Stärke zu beweisen und Bassanios Bindung an Antonio zu lockern.

Also Männerkleider her, für sich und Nerissa. Vom Vetter Bellario, dem Doktor der Rechte in Padua, ein Empfehlungsschreiben – und in aller Eile nach Venedig!

Der junge Lorenzo, der Shylocks Tochter Jessica nach Belmont entführte, wird kurzerhand als Hausverwalter bestellt.

Eile ist geboten. Vor dem Gericht des Dogen fordert Shylock sein Pfund Fleisch; nicht die 3000 Dukaten. Auch 6000, die Bassanio bietet, will er nicht. Antonio hat sich aufgegeben. Dass Bassanio sich dem Juden ersatzweise als Opfer anbietet, verfehlt jede Wirkung. Und von Gnade will Shylock nichts wissen. Der Doge muss Venedigs Rechtssicherheit wahren; auch wenn es unmenschlich erscheint. Ist Antonios Schicksal besiegelt?

Nun hat Portia als junger Doktor Balthasar, von Doktor Bellario empfohlen, ihren großen Auftritt. Sie stellt die Rechtslage fest und fordert den Juden zur Gnade auf; mit einer ergreifenden Rede, mit der sie die Milde des Neuen Testaments gegen das alte Gebot »Auge um Auge, Zahn um Zahn« stellt:

»Der Gnade Wesen ruht auf keinem Zwang,
Sie fällt vom Himmel wie der sanfte Regen
Zur Erde unter ihr, zweifach gesegnet.
Sie segnet ihn, der gibt, und ihn, der nimmt;
Am mächtigsten im Mächtigsten: Sie schmückt
Den Herrscher auf dem Thron mehr als die Krone.
Sein Zepter zeigt die weltliche Gewalt,
In ihm wohnt Ehrfurcht und wohnt Majestät,
Worin die Furcht und Scheu vor Königen liegt:
Doch Gnade steht über der Macht des Zepters.
Ihr Thron ist in der Könige Herz errichtet,
In ihr wohnt Gottes Wesen selbst; und dann nur
Zeigt irdische Macht sich Gott am ähnlichsten,
Wenn Gnade tritt zum Recht. Und darum, Jude,
Ob auch dein Anspruch recht ist, so bedenke,
Dass, ging es nur nach Recht, von uns nicht einer
Erlösung fänd: Drum beten wir um Gnade,
Und dies Gebet muss uns auch alle lehren,
Gnade zu üben.«

Aus dieser Rede wird seither oft zitiert. Auf Shylock verfehlt sie jede Wirkung. Er will

»… the penalty and forfeit of my bond«.

»… die Buße und Verpfändung meines Scheins«.

Die Übersetzung von *bond* als Schein ergibt fürs Deutsche einen doppeldeutigen Klang: Konkret geht es um den Schuldschein, für den Antonio bürgt; doch es klingt zugleich, als habe Shylock nur den Anschein des Rechts für sich.

Portia handelt sich höchstes Lob des Juden ein, als sie ihm sein Recht bestätigt und Antonio auffordert, seine Brust zu entblößen. Eine Waage fürs Pfund Fleisch hat Shylock zur Hand. Dramatischer Augenblick auf der Bühne: Shylock mit frisch gewetztem Messer; Antonio, die Brust entblößt, spricht letzte Worte: Bassanio soll seine Frau grüßen, Antonio im Tode rühmen:

»Und wenn Ihr's auserzählt, heißt sie entscheiden,
Ob nicht Bassanio einst geliebt ist worden.«

Von ihm, von Antonio. Wird er mit dem Maß seiner Liebe für Bassanio für immer Portia überbieten, als toter Block der Beziehung der beiden immer im Wege stehen?

Bassanio, erschüttert und schnell bereit zur pathetischen Phrase, will sein Leben, sein Weib und die ganze Welt hinwerfen, wenn nur Antonio freikommt. Auch Graziano bietet gern seine Frau dem Himmel an, damit sie dort eine Macht gegen Shylock in Bewegung setzt. Das hören Portia und Nerissa gar nicht gern. Und Shylock will ungeduldig seinen Spruch.

Portia: »Ihr müsst das Fleisch ihm schneiden aus der Brust: Das Recht bewilligts, und der Hof erkennt es an.«

Shylock: »O höchst gelehrter Richter! – Na, ein Spruch! Kommt, macht Euch fertig!«

Einen Moment lang hält alles den Atem an; dann stoppt Portia den Juden:

»Doch wartet …«

Portias Triumph

»Recht soll dir werden,
mehr als du begehrst.«

Und nun demontiert sie Zug um Zug Shylocks Sache und ihn selbst. Er darf »ein Pfund Fleisch« schneiden – doch wenn er dabei nur einen Tropfen Christenblut vergießt, fällt sein Hab und Gut gesetzmäßig an den Staat Venedig. Da will Shylock doch lieber sein Messer einpacken und die angebotenen 6000 Dukaten nehmen. Bassanio hält sie ihm schon hin.

Nichts da, sagt Portia, Shylock möge schneiden. Aber wenn's um Haaresbreite mehr oder weniger als ein Pfund wird, stirbt er, und sein Gut verfällt dem Staat. Nun will sich Shylock mit 3000 Dukaten bescheiden. Bassanio hält sie ihm hin.

Nichts da, sagt Portia, und als Shylock ohne einen einzigen Dukaten gehen will, nagelt sie ihn mit immer neuen Paragrafen fest: Weil er als Fremder auf das Leben eines Bürgers von Venedig zielte, verfällt diesem die Hälfte von Shylocks Vermögen, die andere Hälfte dem Staat; und wenn der Doge ihm keine Gnade gewährt, ist auch sein Leben verwirkt.

Der Doge zeigt sich gnädig. Zu demütigenden Bedingungen auch Antonio: dass Shylock seinen Schwiegersohn Lorenzo, mit dem ihm die Tochter Jessica durchging, reich ausstattet und sich selbst zum Christentum bekennt.

Shylock, eben noch vorm blutigen Triumph seines Lebens, ist mit allem einverstanden. Nur weg aus diesem Gericht, in dem Portia alles gegen ihn gekehrt hat! Es ist ihr Triumph. Woher sie all die Paragrafen kannte, jeden im richtigen Moment, nur sie und sonst anscheinend niemand – das verrät Shakespeare nicht; dass seither manche Einserjuristen einwenden, die Argumente seien so nicht haltbar, tut Portias großer Szene keinen Abbruch. Die Juristinnen von heute sollten Portia zu ihrer Schutzheiligen erheben und auf einen Denkmalssockel stellen!

Bassanio, der seine Portia im Talar nicht erkennt, möchte den Anwalt honorieren. Portia will nichts nehmen. Bassanio drängt. Da will sie den Ring von seinem Finger – den Ring, den sie ihm in Belmont gegeben hat und von dem er versprochen hat, sich nie zu trennen.

Nicht kleinlich mit großen Worten, erbietet sich Bassanio, ihr stattdessen den teuersten Ring in Venedig zu verschaffen. Darauf Portia:

»Ich seh, Ihr seid freigiebig im Erbieten;
Ihr lehrtet erst mich bitten und nun scheint es,
Ihr lehrt mich, wie man Bettlern Antwort gibt.«

Schließlich schickt Bassanio ihr den Ring doch nach und Nerissa schwatzt Graziano den Ring ab, den er von ihr hat. Beides Trophäen für einen neuen Triumph der Frauen!

Finale in Belmont, wo »süß das Mondlicht auf dem Hügel schläft«. Lorenzo und Jessica träumen als Liebespaar – doch man muss fürchten, dass für Jessica der Traum endet wie in einer Fernsehinszenierung, als Fritz Kortner seinen letzten Shylock spielte: Da stand Jessica verloren und tränenüberströmt im letzten Bild. Anders als Portia hatte sie sich dem Willen ihres Vaters entzogen, ihn bestohlen, hatte sich vom Leichtfuß Lorenzo entführen lassen und ihm Vaters Kostbarkeiten nachgeworfen. Ihr fehlt Portias selbstbewusste Souveränität, um einen Mann und ein Vermögen zu halten, wenn die Romantik sich verflüchtigt.

Als Portia und Nerissa, wieder ganz sie selbst, in Belmont erscheinen, danach Bassanio, Graziano und Antonio, wollen die beiden Frauen in scheinheiligem Zorn von ihren Männern wissen: Wo habt ihr unsere Ringe? Peinliche Verlegenheit der Männer, bis die Frauen sich als der Anwalt und sein Schreiber enthüllen; und ihnen – auf künftig bessere Treue! – die Ringe wiedergeben. Eine kräftige Lektion! Wie nebenbei zaubert Portia für Antonio die Nachricht herbei, dass seine verschollenen Schiffe reich beladen eingelaufen sind. Lorenzo bekommt Shylocks Schenkungsakte und findet als gefälliger Troubadour ein passendes Wort für das wunderbare Geschehen:

»Ihr schönen Frauen streut Manna
Hungrigen in ihren Weg.«

Antonius und Cleopatra

Liebe, Sinneslust und Politik mit Niveau, toll inszeniert – oder tückisch und roh

Welch eine Frau: verführerisch wie die schöne Helena und patriotisch wie Jeanne d'Arc; betörendes Luxusweib und kalkulierende Staatsfrau – dazu noch Schmuck und Schätze von unsagbarem Wert! Mit weltpolitischem Ehrgeiz und Sinneslust war Cleopatra von Ägypten ein halbes Jahrhundert vor Christi Geburt im Spannungsfeld zwischen Rom und Alexandria beim Machtspiel um die Zukunft der Welt dabei, bei der Konfrontation von Orient und Okzident. Eine starke Frau, die es mit drei großen Römern als Partnern und Gegenspielern aufnahm: Caesar, Antonius und Octavian. Sie scheiterte; doch mit Leben, Lieben und Sterben machte sie sich unvergesslich – auch durch ihr besonderes Geschick, sich zu inszenieren.

Julius Caesar kam im Herbst des Jahres 48 v. Chr. nach Alexandria, um in den politischen Wirren des Ptolemäerreiches Ordnung zu schaffen. Als er sich im Königspalast von Alexandria eingerichtet hatte, kam ein baumlanger sizilianischer Sklave, einen zusammengerollten Teppich über der Schulter. Er rollte den Teppich vor Caesar aus – und heraus sprang die zierliche Cleopatra, das Seidengewand kokett zerzaust. Sie sprach ihn mutig an, in makellosem Latein, das sie ebenso beherrschte wie Griechisch oder Ägyptisch.

Sie war 19, hoch gebildet, mit mädchenhaftem Charme begabt. Er war fast 54, ein welterfahrener Kriegs- und Frauenheld. Rasch wurden sie ein Paar: im Bett und auf der Bühne der Weltpolitik.

Caesar hatte seine Frau Calpurnia in Rom. Cleopatra war mit ihrem Bruder verheiratet, eine Formehe gemäß ägyptischer Tradition, und sie brauchte Caesars Hilfe, um den Bruder zu besiegen. Caesar machte sie zur Königin von Ägypten. Calpurnia bekam keine Kinder. Cleopatra gebar ihm 47 v. Chr. einen Sohn, Caesarion. Und sie hatte einen Traum: aus der bröckelnden Ptolemäerherrschaft über Ägypten heraus neben Caesar auf den Thron eines gewaltigen römisch-ägyptischen Weltreiches zu steigen – und es dann Caesarion zu vererben!

Dieser orientalische Traum zerplatzte, als Caesar an den Iden des März 44 v. Chr. in Rom ermordet wurde. Cleopatra war ihm nach Rom gefolgt, hielt Hof in ihrer Villa, saß bei Festen neben Calpurnia – und als sei der Schock des tödlichen Attentats auf den Mann, den sie geliebt und auf den sie gebaut hatte, nicht genug, erfuhr sie mit Entsetzen, dass Caesar sie in seinem Testament nicht erwähnt habe. Hatte er sie tückisch ausgetrickst? Rom brodelte nach dem Mord in blutigen Wirren. Cleopatra ging nach Alexandria zurück, um ihren Sohn und Ägypten zu hüten, bis der Bürgerkrieg sich ausgetobt hätte.

Caesars treuer Freund Mark Anton und sein Adoptivsohn Octavian besiegten 42 v. Chr. bei Philippi die Caesar-Mörder. Die Macht wurde in Triumviraten verteilt. Antonius übernahm den Osten. Er hielt Hof in Tarsus und forderte Cleopatra auf, vor ihm zu erscheinen.

Er war ein stattlicher Mann, körpermächtig wie ein Gladiator, brutaler und zynischer, als Shakespeare ihn zeigen wird. Er ließ sich als Herkules feiern, ein ausschweifender Zecher, der gern den Bacchus spielte, beliebt bei seinen Soldaten, tapfer im Kampf und ein guter Redner, mit einem Hang zur Melodramatik. Schon einmal hatte er Weltgeschichte gemacht, als er sich in Rom gegen die Caesar-Mörder stellte – gemäß Shakespeare mit einer Musterrede an Überzeugungskraft. Mit 40 Jahren war er auf dem Gipfel seiner Macht. Er fühlte sich wirklich als Jupiters Sohn.

Sie war für die Ägypter eine Priesterin göttlicher Herkunft – und Königin, solange die von Caesar verliehene Würde noch galt. Eine Frau, jetzt von 27 Jahren, zu voller Schönheit erblüht, kein Backfisch mehr wie mit 14, als ihr der schneidige Reitergeneral Mark Anton in Alexandria zum ersten Mal begegnete – auch keine, die sich für ihn in einen Teppich wickeln würde. Diese neue Begegnung verlangte eine völlig andere Inszenierung, um sich und den unschätzbaren Reichtum Ägyptens dem mächtigen Römer eindrucksvoll zu zeigen.

Plutarch hat die Begegnung geschildert. Gestützt darauf, lässt Shakespeare in seiner Tragödie »Antonius und Cleopatra« den Enobarbus, einen sonst so schlichten, sachlich-prosaischen Kampfgefährten des Antonius, lyrisch hingerissen seinen staunenden Freunden in Rom erzählen, wie es war, als Cleopatra auf dem Kydmos nach Tarsus zu Antonius segelte:

»Die Bark, in der sie saß, ein Feuerthron,
Das Heck, getrieb'nes Gold, brannt auf dem Strom.
Die Purpursegel duftend, dass der Wind
Entzückt nachzog. Die Ruder waren Silber,
Die nach der Flöten Ton Takt hielten, dass
Das Wasser, wie sie's trafen, schneller strömte,
Verliebt in ihren Schlag. Doch sie nun selbst!
Beschreibung wird zum Bettelwort: Sie lag da
In ihrem Zelt, das ganz aus Gold gewirkt,
Noch strahlender als jenes Venusbild,
Bei dem Natur der Phantasie erliegt.
Zu beiden Seiten ihr holdsel'ge Knaben,
Mit Wangengrübchen, wie Cupido lächelnd,
Mit bunten Fächern, deren Wind durchglühte,
So schien's, die zarten Wangen, die sie kühlten:
Zündend, statt zu löschen.
Die Dienerinnen, wie die Nereiden,
Als Nixen lasen ihr den Wunsch vom Auge,
Und Schmuck ward jede ihrer Geste; eine Meerfrau
Lenkte das Steuer; seid'nes Tauwerk schwoll
Dem Druck so blumenreicher Händ' entgegen,
Die frisch den Dienst versahn. Der Bark entströmend
Betäubt ein würz'ger Wohlgeruch die Sinne
Der nahen Uferdämme. Sie zu sehn,
Ergießt die Stadt ihr Volk: Und Mark Anton,
Hoch thronend auf dem Marktplatz, saß allein

Und pfiff der Luft, die, wär ein Leeres möglich,
Auch fortging, Cleopatra zu schaun,
Und einen Riss in der Natur zurückließ.«

Glanzvoller, klingender, duftender Orient! Da kann einem Römer wohl Hören und Sehen neu erweckt werden. Da war Antonius, der sie vorgeladen hat, glücklich, von ihr zum Gastmahl geladen zu werden.

Enobarbus erzählt auch, wie Cleopatra einmal die Straße entlanghüpfte, dass ihr der Atem wegblieb – und sie keuchend sprach; doch:

»Selbst dieser Fehler war bei ihr ein Reiz
Und atemlos raubte sie uns uns'ren Atem.«

Eine faszinierende Frau, deren Zauber Makel in Vollkommenheit verwandeln kann. So bringt sie auch die Nächte im Kreis von Antonius und seinen Kumpanen durch, wenn sich in Besäufnis und groben Scherzen der Palast in ein zotiges Biwak verwandelt. Enobarbus urteilt:

»Andere Frauen
Verleiden das Verlangen, das sie nähren,
Doch sie macht hungrig, wo sie's gänzlich stillt.
Denn ihr steht auch das Niedrigste so gut,
Dass heilige Priester ihre Wollust segnen.«

Die Römer, Freunde des Octavian, hören es mit Verwunderung, Verärgerung, Verachtung für die »königliche Dirne«.

»Sie ließ den großen Caesar schon sein Schwert
Zu Bette legen. Er hat sie gepflügt,
Und sie, sie hat geerntet«,

erinnert sich einer. Was man Caesar mühsam nachgesehen hatte, die ägyptische Geliebte, orientalische Sitten, missgönnt man Antonius. Doch man meint, das werde nun bald ein Ende haben.

Antonius ist in Rom, um sich mit Octavian zu versöhnen. Und wenn er – nachdem seine Frau Fulvia verstorben ist – Octavians Halbschwester Octavia heirate, meint man in Rom, garantiere diese politische und persönliche Bindung, dass er, auch wenn er sich an das prunkvolle Leben in Alexandria gewöhnt habe, auch wenn er Tage und Nächte orientalischer Sinneslust genossen habe, untermischt mit Neckereien und vulgärer Deftigkeit, auch wenn Cleopatra von ihm schwanger sei, sich doch aus ihrem Zauber lösen und Cleopatra für immer verlassen werde.

»Niemals«, sagt Enobarbus. Er sollte Recht behalten.

Doch Cleopatra muss noch vier Jahre warten, ihre Zwillinge, einen Sohn und eine Tochter, zur Welt bringen; warten, bis Antonius sich wieder von Octavia trennt, bis er Cleopatra wieder sehen will: teils, weil ihre leidenschaftliche Liebe unvergesslich ist, auch mit 32 und als dreifache Mutter, teils, weil er viel Geld aus ihrem unergründlichen Staatsschatz braucht, um gegen die Parther zu Felde zu ziehen.

Anders als geschichtlich, gibt es bei Shakespeare kein Warten, keine Zwillinge, keinen Vertrag von Antiochia (an der syrischen Küste), mit dem sich Cleopatra ihren Traum im Triumph zu erfüllen scheint: Gemäß Vertrag stellt sie Mark Anton alle Mittel für seinen Partherkrieg, er heiratet sie (nach ägyptischem Ritus), wird neben Königin Cleopatra zum Oberherrn des gesamten Osten, und Caesarion erbt den ägyptischen Thron. Als zeitraffender Dramatiker verzichtet Shakespeare auf die Prunkhochzeit von Antiochia und auf den mühseligen, erfolglosen Partherkrieg des Antonius. Er zeigt lieber, wie Cleopatra ausrastet, als sie von Antonius' Heirat mit Octavia hört, wie Pompejus die ganze Führung Roms, das trunkene Triumvirat, hätte ins Meer stürzen können, wie Octavia zwischen ihrem Gatten Antonius und ihrem Bruder Octavian hin- und hergerissen wird. Shakespeare hat Antonius und Cleopatra rasch wieder Seite an Seite und nimmt den Faden der tatsächlichen Geschichte am 2. September 31 v. Chr. bei Actium neu auf.

Die Seeschlacht von Actium (Epirus) war ein Entscheidungsdatum der Weltgeschichte. Antonius und Cleopatra verloren die Schlacht. Ägypten beugte sich Rom und dem Sieger Octavian; es wurde römische Provinz. Alle Träume von einem römisch-ägyptischen Imperium für Caesarion oder von einem ägyptischen Großreich unter der Ptolemäerdynastie waren ausgeträumt. Octavian, den viele unterschätzt hatten, war alleiniger Machthaber und machte sich als Kaiser Augustus um Stabilisierung und Ausweitung des Imperiums verdient.

Ganz plötzlich war Cleopatra mit ihrem Königsschiff »Antoniade« aus der Seeschlacht von Actium ausgebrochen – mit vollem Wind in den Purpursegeln auf den Peloponnes zu. Eine jähe, entscheidende Flucht. Das königliche Geschwader hinterher – und Antonius gibt alles verloren, nur Cleopatra nicht. Er zeigt, so Plutarch, dass »eines Liebhabers Seele im Körper seiner Geliebten lebt«. Er setzt der »Antoniade« nach, geht an Bord und sitzt dort zwei Tage und Nächte, den Kopf in die Hände vergraben.

Shakespeare führt die Liebenden, die als Kampfgefährten so unheilvoll versagten, erst in Alexandria wieder zusammen, in Cleopatras Palast, zu einer dramatischen Szene. Der verzweifelt wütende Antonio endet seine bitteren Vorwürfe gegen Cleopatra mit dem Ruf:

»Fort, du Hexe!«

Cleopatra flüchtet in ihr Mausoleum und schickt ihre Dienerin zu Antonio.

»Geh, sag ihm, ich hab mich erstochen.
Sag ihm, mein letzter Seufzer war ›Antonius‹.«

Als Antonius das erfährt, stürzt er sich in sein Schwert. Doch selbst das misslingt. Er ist nur schwer verwundet. Er wird in Cleopatras Mausoleum gebracht und stirbt, bejammert von seiner geliebten Frau:

»Uns bleibt in dieser Not
Kein Freund, nur unser Mut und rascher Tod.«

Doch das Ende zieht sich hin. Cleopatra verhandelt mit Octavian. Einer versucht den anderen auszutricksen. Sie übergibt ihre Schätze, ihren Schmuck, doch manches hat sie versteckt. Er redet ihr freundlich zu, will sie aber

Schlange vom Nil

»Komm, tödlich Spielzeug!«

tatsächlich als Gefangene in Ketten im Triumphzug durch Rom schleifen.

Jetzt inszeniert sie ihr Ende, weist die Dienerinnen an:

»Nun, Kinder, schmückt mich königlich! Geht, holt
Mein schönstes Kleid; nochmals geh ich zum Kydmos,
Zu treffen Mark Anton … Die Krone jetzt, und alles!«

Wie bestellt, kommt ein Bauer, mit einem Korb voll Feigen, kommt damit durch die Wache und bringt darin eine Schlange, noch eine Schlange, höchst giftig. Cleopatra, die man die Schlange vom Nil nannte – zärtlich tat es Antonius, sie verfluchend taten's andere – setzt sich die Nattern an die Brust. Sie stirbt.

Octavian ist um seinen Triumph betrogen. Doch er fasst sich gnädig:

»Sie soll bei ihrem Mark Antonius liegen.
Kein Grab auf Erden fasst je wieder ein
So hoch berühmtes Paar.«

Eine eindrucksvolle Todesszene, wie sie Plutarch überlieferte. Doch Shakespeare, so schreibt Werner von Koppenfels, habe das Ende seiner »unergründlichsten Frauenfigur« zu »einer Apotheose der Liebe und der Liebenden« gesteigert, »ihren Abschied von der Welt zu einem Äußersten an dichterischer Weltverwandlung und Todesverklärung«.[5]

Der große Dramatiker hat nachgestaltet, wie eine große Frau sich in entscheidenden Momenten immer so in Szene setzte, wie es die Situation und der Mann ihr gegenüber, Partner und Gegenspieler, erforderte: Ob sie für Caesar aus dem Teppich rollt, zu Antonius in unvergesslichem Glanz nach Taurus segelt oder geschmückt und gekrönt, tot, auf Octavian wartet.

Sie konnte ihre Partner nicht wählen. Sie musste, wenn sie nicht untergehen wollte, ehe sie 20 wurde, die Männer nehmen, wie sie kamen, sie lieben, mit ihnen träumen – und sich dem letzten entziehen.

Verlorene Liebesmüh

In Frauenaugen gibt's für Männer mehr zu lesen als in klugen Büchern

Es war einmal ein König, der war noch jung und doch schon so vertrottelt, dass er seinen Terminkalender nicht ordentlich führen konnte. Er regierte in Navarra und beschloss, zusammen mit seinen drei besten Freunden unter den Höflingen drei Jahre lang mit äußerster Konzentration zu studieren. Was genau, ist nicht recht klar; doch jedenfalls soll es nur drei Stunden Nachtschlaf geben, nur eine Mahlzeit am Tag und jede Woche einen Fastentag – und vor allem soll keine Frau näher als eine Meile an das Schloss herangelassen werden. Wer mit einem vollen Teller oder einer Frau erwischt wird, wird hart bestraft.

Welch schlimme Fesseln für vier junge Männer! Härter als in der Kaserne oder sogar im Kloster. Doch kaum haben die vier ein entsprechendes Dokument beschworen, da erinnert Biron, der Verständigste der vier, den König:

»Frankreichs König schickt Euch, wie Ihr wisst,
Als Botschafterin, um mit Euch zu sprechen,
Seine Tochter, die so schön wie edel ist.«

Eine Frau im Anmarsch, zu diplomatischen Gesprächen, mit weiblichem Gefolge!

»Shit«, würde heute ein König sagen, wenn er so lotterig vergessen hätte, seine Termine abzustimmen; denn auch Monarchen werden im kleinen Kreis gelegentlich ordinär. Doch damals drückte sich der König gewählter aus:

»Was sagt Ihr, Herren? – Dass uns das entfiel!«

Er muss sich gewählt äußern; denn Shakespeare hat diese liebreizende Komödie nicht – wie andere Stücke – aus alten Quellen geschöpft, sondern arrangiert mit freier Hand die Begegnung von vier Herren und vier Damen und füllt den Raum zwischen den Geschlechtern, weil sonst nicht viel passiert, mit Sprache ganz unterschiedlicher Art: Der König und seine Freunde reden würdig und oft wie auf Stelzen, die Damen natürlicher und witziger, ein Don Adriano de Armando wirbt mit verschraubten Sätzen um ein Bauernmädchen und wird von seinem Pagen mit kecker Ironie unterlaufen, Schulmeister und Pfarrer steuern hochtrabende Latinismen bei und Dörfler einfältige oder schlicht blöde Sprechblasen. Kurzum: ein *great feast of languages,* ein karnevalistisches Potpourri der Sprache; ein Ohrenschmaus für Kenner, besonders im Publikum der Shakespeare-Zeit, die Theater mehr mit den Ohren als mit den Augen wahrnahmen.

Am Sieg des Damenteams, der französischen Prinzessin und ihrer drei Hofdamen, bei der Begegnung mit der Männerriege auf dem schwierigen Gelände von Kommunikation ist kein Zweifel. Das Spiel, sozusagen vier Einzel, endet 4 : 0. Denn immer wieder stolpern die Männer bei ihren Annäherungen – ihr Schwur, sich drei Jahre lang nicht mit Frauen abzugeben, ist längst ausgeklinkt – über ihre eigenen Füße; und ihre Zungen stolpern oft etwas linkisch mit affektierten Sprachbrocken herum.

Der Shakespeare-Experte Manfred Pfister analysiert diesen Spielverlauf: »So wird schon der Plan und das Gelübde König Ferdinands und seiner Höflinge, in ihrer platonischen Akademie ganz philosophischen Studien und asketischen Übungen zu leben, durch die Künstlichkeit ihrer rhetorisch gestelzten Diktion als unnatürliche Pose gekennzeichnet, die mit der Ankunft der Prinzessin und ihrer drei Hofdamen zusammenzubrechen beginnt. Aber auch als Liebende verfallen sie einer schwärmerisch-petrarkistischen Rhetorik, die in ihren Liebessonetten und Kanzonen bis zur Persiflage übersteigert wird. Dagegen verkörpern die Damen in ihrer kultivierten Natürlichkeit und ihrem ungekünstelten Witz – wie später die Komödienheldinnen in ›As You Like it‹ und

›Twelfth Night‹ – jene Mitte zwischen Natur und Geist, die ihre Freier verfehlen.«[6]

Jeder der vier Männer schreibt seiner Auserwählten ein Liebesgedicht, jeder wird von den anderen damit ertappt – und dann stehen sie beisammen wie begossene Pudel. Wiederum ist es Biron, der das Misslingen der Bildungspläne des buchversessenen Quartetts angesichts des Damenbesuchs eingesteht und den Männern neue Ziele weist: mit einem Lobgesang auf Frauenaugen, in denen mehr zu lernen sei als aus Büchern oder in hohen Schulen:

»Nun, wollt euch ritterlich zum Kampfe stellen!
Bedenkt, was ihr zuerst geschworen habt,
Fasten, studieren, keine Frauen sehen.
Das war Verrat am Königreich der Jugend!
Fasten? Ist euer Magen nicht zu jung?
Zudem, Enthaltsamkeit erzeugt nur Krankheit.
Und euren Schwur, ihr Herren, zu studieren,
Den habt ihr gegen euer Buch geschworen!
Könnt ihr denn sitzen, dieser Welt verloren?
Wann hättet Ihr denn, Herr, und Ihr, und Ihr
Den Wesensgrund der Wissenschaft gefunden
Ohne die Schönheit eines Fraungesichts?
Von Frauenaugen hab ich diese Lehre:
Sie sind der Grund, die Bücher, hohen Schulen,
Denen Prometheus' wahre Glut entspringt.
Wirklich, das ewige Büffeln, das vergiftet
Die frischen Lebensgeister in den Adern
So wie zu lange Müh und Überspanntheit
Die Muskelkraft des Wanderers zerstört. –
Und was den Schwur gilt, keine Frau zu sehen,
Habt ihr den eignen Augen abgeschworen
Und auch dem Studium, Eurer Schwüre Grund:
Denn wo wär je ein Autor in der Welt,
Der uns so Schönheit lehrt wie Frauenaugen?
Wissen ist nur ein Anhang von uns selbst,
Und wo wir sind, dort ist auch unser Wissen.
Und wenn wir uns in Frauenaugen sehen,

Sehn wir da nicht auch unser Wissen mit?
Ihr Herren, als wir Studien gelobten,
Entsagten wir mit dem Gelübd' den Büchern.
Wie hättet Ihr, mein König, Ihr und Ihr,
In bleiernem Grübeln ein so feuriges
Gedicht erdacht, wie's euch die regen Augen
Euerer schönen Damen eingegeben?
All andres Wissen bleibt allein im Kopfe,
Und seine unfruchtbaren Jünger finden
Für ihre schwere Müh kaum eine Ernte.
Doch Liebe, erst erlernt in Frauenaugen,
Lebt nicht nur eingemauert im Gehirn,
Nein, kreist mit aller Elemente Regung,
Mit aller Kraft so schnell wie der Gedanke,
Und jeder Kraft verleiht sie doppelt Kraft,
Weit mehr als sonst ihr Amt und Wirken wäre.
Schärfere Sehkraft leiht sie jedem Auge;
Des Liebenden Aug schaut selbst den Adler blind;
Des Liebenden Ohr hört noch den leisesten Laut,
Wenn selbst des Diebes wachsam Ohr ertaubt scheint.
Die Liebe fühlt empfindlicher und feiner
Als selbst der Schnecke zartes weiches Fühlhorn,
Und ihr Geschmack ist so fein, dass selbst Bacchus
Dagegen plump scheint. Und ist Liebe nicht
An Mut ein Herkules; es schreckt sie kaum
Der Aufstieg auf der Hesperiden Baum.
Ihr Tiefsinn gleicht der Sphinx; an Wohllaut gar
Apollos Laute, bespannt mit seinem Haar.
Wenn Liebe spricht, macht aller Götter Stimme
Den Himmel träumerisch schwer vor Harmonie.
Kein Dichter wagt die Feder zu ergreifen,
Eh Liebesnot in seine Tinte floss.
Dann greift sein Vers selbst an das Ohr des Wilden
Und lehrt Tyrannen auch die milde Demut.
Aus Frauenaugen hab ich diese Lehre,
Die sprühn noch von Prometheus' wahrer Glut,
Sie sind die Bücher, Künste, hohen Schulen,
Die alle Welt enthalten, zeigen, nähren,
Und ohne sie ist keiner groß und weise.

Drum wart ihr Narrn, den Frauen abzuschwören,
Oder, bleibt ihr dabei, so seid ihr Narrn!
Aus Lieb zur Weisheit, die ein jeder Mann liebt,
Aus Lieb zur Lieb, die alle Männer liebt,
Männern zulieb, den Vätern aller Frauen,
Den Fraun zulieb, für die wir Männer sind,
Vernichten wir den Eid, um uns zu retten,
Denn retten wir den Eid, sind wir vernichtet!
Es ist höchst fromm, so meineidig zu werden,
Denn Nächstenliebe selbst gebietet uns dies,
Und wer wollt Lieb von Nächstenliebe trennen?«

Nach dieser Lektion ruft der König »mit Sankt Amor, Krieger, auf ins Feld!« seine Freunde zu neuem Mut gegenüber den Damen. Doch bei diesem Vorstoß, einer Maskerade, gibt es eine neue Niederlage der Herrenmannschaft – und dann unterm Tanzen und Tändeln eine Hiobsbotschaft: Der König von Frankreich, der Vater der Prinzessin, ist gestorben. Was der Bote meldet, ist ein merkwürdig scharfer Schnitt für eine Komödie – aber ein logischer Grund, dass die Damen kurzerhand Abschied nehmen; in ein Trauerjahr – mit dem Versprechen, dass danach viermal Hochzeit sein soll: sofern die Männer wenigstens ein karges Jahr gemäß ihrem akademischen Schwur durchhalten!

Das bedeutet verkürzte Studienzeit (wie sie heute von der deutschen Wirtschaft immer wieder gefordert wird) – aber auch eine echte Charakterprobe. So etwas verlangen bei Shakespeare sonst die wenigsten Frauen von verliebten Männern – selbst die starken nicht. Hoffentlich denken König & Co. wenigstens diesmal daran, den neuen Termin im Kalender richtig einzutragen.

Beatrices Befehl

»Töte Claudio!«

Viel Lärm um Nichts

Eine kluge Frau schafft sehr gewitzt, dass er die Ohren und den Degen spitzt

Muss eine Frau zum Dolch, zum Degen oder zur Pistole greifen und auf den Mann losgehen, der ihrer besten Freundin so bitter Unrecht tat, dass sie wie tot hinstürzte? Die kluge Frau macht's besser. Sie verpflichtet den Mann, der ihr schwört, er wolle alles für sie tun, den Übeltäter zum Duell zu fordern; auch wenn es sein bester Freund ist.

Beatrice ist eine kluge, charmante und vor allem entschlossene Frau. Redegewandt und schnippisch behält sie in den klassisch-kratzbürstigen Wortwechseln mit Benedikt in »Viel Lärm um Nichts« meistens das letzte Wort. Zwei Singles, ein himmlisch streitlustiges Paar – bis sie merken: Was sich neckt, das liebt sich. Nach vielem Zögern, von ihren Freunden und Freundinnen geschickt aus der Reserve gelockt, noch ein bisschen beklommen, gestehen sie sich ihre Liebe. Und Benedikt sagt, was Verliebte gern so sagen:

»Heiß mich, was du willst, ich will es tun.«

Doch Beatrices überraschende Antwort reißt ihr Gespräch aus allen Bahnen verliebten Geflüsters:

»Töte Claudio!«

Da fällt Benedikt aus allen Wolken des siebenten Himmels der Liebe. Claudio ist sein bester Freund.

»Oh, nicht für die ganze Welt.«

Doch die selbstsichere, zielstrebige Beatrice braucht nur wenige Worte, etwas Klage, etwas Spott, eine Wende, als wolle sie ihn stehen lassen und eine sehr ernste Versicherung, dass ihre Freundin Hero von Claudio schmählich hintergangen wurde – und Benedikt ist ihr Mann:

»Genug, zähl auf mich! Ich fordere ihn heraus.«

Wie kam es zu einer so dramatischen und blutigen Auftragserteilung als Liebesbeweis?

Benedikt und Claudio gehören zur Truppe des Fürsten Don Pedro. Die Soldaten haben sich in Messina bei Gouverneur Leonato einquartiert. (Als Kenneth Branagh und Emma Thompson im Film Benedikt und Beatrice spielten, war der Einzug besonders stürmisch.) Es ist nicht der erste Besuch der Truppe. Man kennt sich und Graf Claudio wirbt erfolgreich um Leonatos Tochter Hero. Alle rüsten zur Hochzeit. Claudio drängt:

»Die Zeit geht auf Krücken, bis die Liebe durch alle Riten ist.«

Doch diese Liebe kommt ins Stolpern und die Hochzeit wird hinfällig. Don Pedros Halbbruder Don Juan hat hinterhältige Pläne ausgeheckt; aus purer Lust an bösen Intrigen, aus Neid auf das fröhliche junge Volk.

Don Juans Diener Borachio hat mit Heros Zofe angebändelt. Er sorgt dafür, dass sie sich in der nächsten Nacht, der Nacht vor Heros Hochzeit, aus dem Fenster beugt, als sei sie Hero. Mit zärtlichem Geflüster wünscht sie Borachio nochmals und nochmals eine gute Nacht. Don Pedro und Claudio sehen es mit Entsetzen. Don Juan hat sie mit viel böser Ohrenbläserei vorbereitet und zur Mitternacht zu Leonatos Haus zitiert. Nun sieht Don Juan zu, wie sein Anschlag wirkt. Denn leichtgläubig nehmen Don Pedro und Claudio, was sie sehen, als Beweis für Heros Untreue.

Am nächsten Tag sagt Claudio am Traualter auf die übliche Frage: »Nein.« Er lässt Hero stehen. Sie fällt um – ohnmächtig oder tot? Sie lebt. Doch soll man ihr glauben, gegen das Wort von Claudio und Don Pedro, dass sie nichts weiß von einem Mann nachts unter ihrem Fenster? Leonato ist unsicher. Er gibt Hero erst einmal für tot aus. Benedikt ist unsicher. Nur Beatrice hat keine Zweifel: Ihre Kusine und Busenfreundin Hero ist unschuldig. Sie ist Opfer einer bösen Intrige. Benedikt soll Claudio umbringen – und wenn er sie liebt, wird er es tun!

Während Don Juan böse Fallen stellte, sind Benedikt und Beatrice durch freundschaftliche Intrigen verkuppelt worden. Die »Nebenhandlung Benedikt und Beatrice« gehört zu Shakespeares schönsten Episoden. Erst zeigen sich die beiden spinnefeind, wollen überhaupt vom anderen Geschlecht nichts wissen. Leonato seufzt über seine Nichte:

»Sie spottet alle Freier von sich weg!«

Benedikt, ein tapferer Soldat, bleibt in den munteren Wortgefechten mit Beatrice zumeist zweiter Sieger. Angesichts ihrer verbalen und wohl auch intellektuellen Stärke kommt er in resignierendes Stöhnen:

»Sie hätte den Herkules gezwungen, ihr den Braten zu wenden, ja, er hätte seine Keule spalten müssen, um das Feuer anzumachen!«

Kein Gedanke an eine Verbindung des Edelmannes aus Padua mit der munteren Widerspenstigen?! Beatrices Freundinnen und Benedikts Kameraden schaffen es. Hero und ihre Kammerfrau Ursula lassen sich von Beatrice in einem Gespräch darüber belauschen, dass Benedikt gestanden habe, wie sehr er Beatrice liebt, dass man diesem netten Mann jedoch die spottsüchtige, zur Liebe unfähige Beatrice nicht antun dürfe. Ähnlich sorgen Don Pedro und Claudio dafür, dass Benedikt als Belauscher ihres Gesprächs hört, Beatrice sterbe vor Liebe zu ihm, aber weil sie fürchte, bei ihm nur Spott zu ernten, komme sie aus ihrem Widerspruchsgeist nicht heraus und wolle lieber sterben, als ihre Liebe zu gestehen.

Das macht die Singles sehr nachdenklich – und reif zur Paarung. Sie schuppen heimlich ihre Panzer ab. Sie gestehen einander, wie sehr sie sich lieben – und muss nun Benedikt den Claudio töten, um es zu beweisen?

Es bleibt ihm erspart. Die Tölpel der Stadtwache von Messina haben Don Juans Diener Borachio belauscht, als er seinem Kumpan Conrad in bösem Stolz die Intrige erzählt, die Hero zu Fall brachte. Die beiden werden verhaftet und gestehen Don Pedro und Claudio alles:

»Ich habe Euch sehenden Auges blind gemacht; was Euer beider Weisheit nicht entdecken konnte, haben diese schalen Toren ans Licht gebracht.«

Claudio und Hero können heiraten. Benedikt und Beatrice auch. Es gibt in Shakespeares Welt kaum ein Paar, dem man eine so gute Ehe vorhersagen könnte wie B. & B.: munter im Alltag, standfest in der Krise; ernstlich, aber nie langweilig einander zugetan. Sie wird ihn ihre Oberhand nur leicht und zärtlich spüren lassen. Und er wird ihr, wenn sie's möchte, mit dem Degen, der schon auf Claudio gespitzt war, gern den Sonntagsbraten wenden.

Das Wintermärchen

Der große Boss dreht durch, eine Frau rettet Würde und Happy End

Wie muss sich ein Mensch fühlen, dem alles glückt, der alles hat und in vollem Glück lebt? Irgendwie unbehaglich. Denn das kann auf die Dauer nicht gut gehen, nach aller Erfahrung und den Regeln der Wahrscheinlichkeit. Ein bisschen Pech käm eben recht –

»Und wenn's die Götter nicht gewähren,
So acht auf eines Freundes Lehren
Und rufe selbst das Unglück her«,

rät der König von Ägypten in Schillers Gedicht dem Polykrates, dem alles glückte. Um die Götter zu versöhnen, wirft Polykrates seinen kostbaren Ring ins Meer – und der erstaunte Koch bringt ihm schon am nächsten Morgen den Ring wieder, den er im Magen eines Fisches fand. Da wendet sich der ägyptische Gast mit Grausen, kündigt Polykrates die Freundschaft »und schiffte schnell sich ein«; so viel Glück ist unerträglich.

Auch Leontes lebt in vollem Glück. Er gebietet über das Königreich Sizilien, hat eine schöne Frau und mit ihr einen viel versprechenden Sohn, dazu seit Jugendtagen seinen treuen Freund Polixenes, König von Böhmen und seit neun Monaten sein gern gesehener Gast in Sizilien. Alles Friede, Glück und Freundschaft; und dass in Shakespeares »Wintermärchen« Böhmen am Meer liegt, stört nicht.

Leontes stört die Harmonie mit einem Ruck auf. Weil er Polixenes nicht zu längerem Bleiben bewegen kann, dieser sich aber von Leontes Frau Hermione sofort dazu bitten lässt, sieht Leontes plötzlich rot und dreht eifersüchtig durch: Treiben es die beiden miteinander, lange schon, hinter seinem Rücken? Ist Hermione jetzt etwa nicht von ihm, sondern von Polixenes schwanger?

Dunkel fällt in den hohen Mittag. Leontes beschließt, seinen Freund zu vergiften, seine Frau vor Gericht und in den Tod zu stoßen; misstrauisch beäugt er selbst seinen Sohn. Konnte Leontes sein volles Glück nicht mehr ertragen? Will er es einreißen, bevor es zerbricht? In den Quellen, aus denen Shakespeare schöpfte, heißt es, die Glücksgöttin Fortuna habe eingegriffen, weil sie so viel Harmonie nicht leiden mochte. Da werden auch Indizien genannt, die Leontes' Eifersucht erklären könnten.

Doch Shakespeare interessiert das nicht. Der Dramatiker zeigt den Ausbruch der Eifersucht in dramatischer Plötzlichkeit; und die Folgen: Gastfreund Polixenes flüchtet heim nach Böhmen, als ihm Leontes einsichtiger Mundschenk und Ratgeber Camillo das Giftkomplott verrät; Königin Hermione kommt ins Gefänfnis, dann vor Gericht. Von der Tochter, die sie im Gefängnis zur Welt bringt, will Leontes nichts wissen.

Ein Rasender macht Tabula rasa. Seine Berater, die Hofgesellschaft, werden verstummend in den Wirbelsog des Unglücks hineingezogen. Als Leontes die Königin abführen lässt, wagen die Höflinge, vorweg der wackere Antigonus, noch für sie zu bitten, um Leontes zur Mäßigung zu bewegen – in seinem eigenen Interesse:

»Herr, handelt mit Bedacht, damit das Recht
Gewalt nicht sei und so drei Große leiden:
Ihr, Eure Kön'gin, Euer Sohn!«

Sie werden brüsk abgewiesen:

»Die Majestät bedarf nicht Euers Rats!«

Entweder, sagt der tyrannisch rasende König, seien sie blöd und blind, dass sie nicht sähen, was Sache ist: oder – schlimmer – sie stellten sich nur so, wollten ihm nicht glauben. Können die Berater es wagen, sich das Misstrauen des Herrschers zuzuziehen? Sie verstummen, lassen sich vertrösten, bis Nachricht vom Orakel kommen werde.

So geht das nicht nur im »Wintermärchen«. Immer wieder in der Geschichte, bitter in der deutschen Realität, sind Menschen ängstlich verstummt, wenn ein Herrscher, um seine unheilvollen Ziele zu verfolgen, Einreden wegwischte, Vernunftgründe und Widerstand brach; kein Aufmucken mehr, wenn Menschenwürde mit Füßen getreten wurde.

Doch nicht aller Widerstand, nicht alle Vernunft, nicht alle Menschenwürde wird gebrochen. Im »Wintermärchen« übernimmt es eine selbstbewusste, unerschrockene Frau, dem Rasenden zu trotzen: Paulina, die Frau des Antigonus, eine Vertraute der Königin. Sie sucht Hermione im Kerker auf und schwört:

»Verdammt des Königs heillos blinder Wahnsinn!
Er muss es hören, und er solls! Dies Amt
Ziemt einer Frau zumeist – ich übernehm es!«

Sie will mit Hermiones neugeborener Tochter auf dem Arm vor den König treten. Die Höflinge weisen sie ab. Paulina lässt sich nicht abweisen. Schon gegenüber dem Gefängniswärter hatte sie eine so selbstverständliche Autorität entfaltet, dass er sie nicht abwies und das Baby mitnehmen ließ. Jetzt legt sie es vor den König. Der König beschimpft sie. Er verlangt von Antigonus, dass er seine Frau zügele. Er ruft die Höflinge, sie hinauszuwerfen.

»Wer seine Augen nur geringe achtet,
komm mir zu nah …«,

wehrt sich Paulina. Sie trotzt auch den Schimpfereien des Königs und zweifelt öffentlich seinen Geisteszustand an:

»Ganz so redlich bin ich,
Als Ihr verrückt, was, meiner Treu, genug ist,
Dass, wie die Welt geht, man für redlich gelte!«

Leontes beschimpft Antigonus und Paulina:

»Ein Pack Verräter!«

Antigonus widerspricht: Er sei kein Verräter. Paulina ist resoluter und aggressiver:

»Nur einen seh ich hier, das ist er selbst,
Der sein und seiner Kön'gin heil'ge Ehre,
Des Sohns, der Tochter, der Verleumdung opfert …«

Starke Worte. Doch fürsorgend sucht sie auf Leontes Ähnlichkeiten mit seiner Tochter hinzuweisen. Er will davon nichts wissen. Er will Paulina als Hexe brennen sehen.

»Ich frage nichts danach;
Der ist dann Ketzer, der das Feuer schürt,
Nicht sie, die brennt …«,

hält ihm Paulina entgegen. Sie geht und lässt dem König das Baby zurück. Leontes verlangt, dass Antigonus das Baby ins Feuer werfe; dann, dass er es in der Fremde gnadenlos aussetze. Und Antigonus übernimmt es als eine entsetzlich von ihm selbst beschworene Pflicht.

Rein faktisch betrachtet, hat Paulinas Aufstand *in tyrannos* nichts gefruchtet. Doch es gibt eine höhere Moral, als Faktenwägung sich träumen lässt. Auch im deutschen Widerstand gegen Hitler gab es den Entschluss, ein Attentat zu wagen, selbst auf das große Risiko des Fehlschlags – um ein Zeichen zu setzen; es musste doch eine andere Welt, eine andere Zeit geben, in der es Beachtung fände!

Im »Wintermärchen« kommt gleich nach Paulinas starker Szene, zur Gerichtssitzung gegen Hermione, wie ein höheres Echo ihres flammenden Plädoyers der Orakelspruch aus Delphi: Hermione, keusch, Polixenes, makellos, Leontes, ein eifersüchtiger Tyrann! Und weil Leontes sich auch durch dieses Orakel noch nicht zur Vernunft bekehren lässt, kommt noch eine Hiobsbotschaft: Sein Sohn Mamillius ist tot! Erst da bekehrt sich Leontes – doch Hermione bricht, von der Todesnachricht getroffen, wie tot zusammen.

»Tragt sie fort.
Sie wird erstehn, ihr Herz ist überladen …«,

befiehlt Leontes, der sie für ohnmächtig hält. Paulina bringt sie fort. Als sie zurückkommt, klagt sie Leontes als rasenden Tyrannen an, der Polixenes verriet, Camillo zum Königsmord anstiften wollte, die neugeborene Tochter aussetzen ließ und den Tod des Sohnes verschulde.

Und schwört: Nun auch noch die Königin – tot! Leontes steckt die Vorwürfe ein:

»Recht so, recht;
Du kannst zu viel nicht sagen; ich verdiene
Die Flüche aller Zungen!«

So zornig Paulina eben noch gegen den Tyrannen auftrat, so rasch lenkt sie nun ein:

»Wo man nicht helfen kann,
Soll man auch jammern nicht! Nein, nicht betrübt Euch
Um mein Gered', ich bitte! Lieber lasst
Mich strafen … vergebt der Weibertorheit …«

Hat Paulina einen starken Auftritt gehabt? Danach einen taktischen Rückzug angetreten? Oder hat sie nur ein jähzorniges Strohfeuer abgebrannt? Frank Kermode, Professor für Englische Literatur in Cambridge und ein hervorragender Shakespeare-Forscher, hat keinen Zweifel, wenn er zum »Wintermärchen« schreibt: »… die Charakterisierung ist kräftig, besonders der Paulina, die ihre eigene Stimme erhält und dazu gebracht wird, für weibliche Würde und natürliche Klugheit gegen männlichen Wahnsinn einzustehen.«[7] Das ist eine plausible Anerkennung für eine starke Frau.

Resolute Feministinnen sind damit aber nicht zufrieden gestellt. Sie hätten mehr von Paulina erwartet. Romana Beyenburg analysiert »Die Frauen in Shakespeares späten Stücken« und würdigt Paulina als »mutige, wortgewandte Verteidigerin von Hermione«. Aber sie habe weder mit ihrer »männlichen« Aggression gegen den König noch mit ihrer »weiblichen« emotionalen Strategie, die sorgende und heilende Funktionen betont, praktischen Erfolg erzielt. Vor allem wende sie sich nicht eigentlich gegen die patriarchalische Ordnung, sondern nur gegen Machtmissbrauch innerhalb dieser Ordnung, der sie sich angesichts von Leontes Einsicht schnell und schweigend unterordne – »eine logische Fortsetzung und Ausweitung der restaurativen Aspekte dieser Figur«.[8]

Wird damit die Hürde nicht zu hoch gelegt? Durfte

Paulinas Enthüllung

»So mach ich, dass das Bild sich regt, herabsteigt und Eure Hand ergreift.«

man von Shakespeare und für seine Zeit wirklich mehr verlangen als Frauenmut vor Fürstenthronen? Etwa gar eine fortdauernde offene Opposition gegen die patriarchalische Ordnung – mit der Intention eines Umsturzes? Doch wohl nicht.

Paulina, eine starke, vernünftige Frau, war ihrer Zeit voraus. Shakespeare auch – und sein Text bietet viel Spielraum, wie sich Paulina heute auf die Bühne bringen lässt; wie stark oder schwach sie erscheinen soll. Das kann durch Sprache und Körpersprache, durch das Zusammenspiel der Figuren, durch Änderungen des Textes, durch die gesamte Inszenierung zum Ausdruck gebracht werden. In einem interessanten Vergleich mehrerer bedeutender Aufführungen des »Wintermärchens« kommt Romana Beyenburg zu dem Schluss, dass immer eine Paulina präsentiert worden sei, »die in erster Linie restaurativ innerhalb der bestehenden patriarchalischen Ordnung wirkte«.[9]

Auch in anderen Shakespeare-Dramen wird die Stärke des Auftritts von Frauen oft durch die Inszenierung entschieden, mehr durch die Auslegung des Textes als durch den Text Shakespeares, der kaum Regieanweisungen in seine Texte geschrieben hat. Da kommt es auf der Bühne auf die Nuance an: den Ton, die Geste, auch das Kostüm. Feministinnen unter den Shakespearianern beobachten und kommentieren die Nuancen genau. Sie können Fortschritte auf dem Weg zu stärkeren Frauen verzeichnen.

»Das Wintermärchen« und die Rolle der Paulina enden nicht mit dem Zusammenbruch von Königin Hermione. Während Antigonus ihr Baby Perdita in der Ferne aussetzt – ihn frisst ein Bär – und brave Schäfer in Böhmen es aufziehen, bis das Mädchen erwachsen und schön genug ist, dass sich der Sohn von König Polixenes in sie verliebt und mit ihr und Camillo nach Sizilien flüchtet – in diesen 16 Jahren hütet Paulina die Hermione im Versteck. Hermione ist Shakespeares »Dornröschen«, seine *sleeping beauty*. Sie gilt als tot; doch wie Dornröschen darf sie im rechten Augenblick wieder ins Leben treten. Paulina bestimmt, wann das sein soll. Sie bittet den – endlos trauernden, reuigen – König zur Besichtigung einer Statue der Hermione: ein Kunstwerk! Wunderbar, lebensecht! Und dann, Musik, bewegt sich die Statue – ist Hermione, lässt sich von Leontes umarmen:

»Sie ist warm!«

Ein Wunder. Auch Polixenes und Camillo sind dabei, auch die verlorene Tochter Perdita – ein wunderbares Happy End.

Und Paulinas Lohn? Was gibt's für eine Frau, die Würde gegen den Wahn des Bosses wahrte, die ein Wunder vollzog? Weil ihr Mann Antigonus dem Bären zum Opfer fiel, gibt ihr Leontes den Camillo zum Mann: Die beiden ehrlichsten, aufrechtesten, anständigsten Menschen im Stück, in Nebenrollen, nur nebenher wahrgenommen, werden ein Paar. Kann das Hoffnung machen – über verknöcherte patriarchalische Ordnung und feministische Spitzfindigkeiten hinaus?

Manche Feministinnen möchten vielleicht erst einmal wissen, wie es in den 16 Jahren im Versteck zugegangen ist, im Verhältnis zwischen Paulina und Hermione. Wer hat wen dominiert? Wer hat das Happy End geplant? Wie echt Hermione noch war – oder doch irgendwie virtuell, nur eine Illusion? Aber jenseits der Märchengrenze – und die ist überschritten – ist mit solchen Recherchen wenig zu gewinnen.

Was ihr wollt

Säufer und eitle Gecken stehlen oft den interessanten Frauen ihre Show

Was machen kluge und selbstbewusste junge Frauen aus ihrer Freiheit, wenn sie in einer patriarchalischen Welt ohne männliche Bevormundung eigene Wege gehen können – die eine mit der Sicherheit ihres Reichtums, die andere unbeschwert von jedem Besitz?

In der Komödie »Was ihr wollt« will die eine, die reiche Gräfin Olivia, um ihres toten Bruders willen sieben Jahre in Trauerkleidern gehen und sich so gegen die Werbungen des Landesherrn Herzog Orsino abschirmen; die andere, Viola, steckt sich nach einem Schiffbruch arm in Männerhosen und geht als Page Cesario beim Herzog in Dienst, ihr Glück zu machen.

Mit ihren »weiblichen« Wünschen und »männlicher« Aktivität sind die zwei Frauen die Brennpunkte dieser komödiantischen Ellipse. Sie bewegen die Handlung. Doch auf der Außenbahn treiben einige Männer aus dem Hause der Gräfin – Säufer, Radaubrüder und eitle Gecken – ein tolldreistes, intrigantes und derb-scherzhaftes Spiel. Sie können leicht dem Publikum den Blick aufs gefühlvolle, feinere Spiel der beiden Frauen verstellen; besonders, wenn deutsche Regisseure alles immer noch dreister und komischer machen wollen als Shakespeare; wenn sie seine Balance von Scherz und Ernst, Sein und Schein, gröblich aus den Angeln reißen. Das geschieht immer häufiger mit Shakespeares Stücken. Es lässt sich für »Was ihr wollt« auch nicht damit rechtfertigen, dass das Stück schon im Titel auf die Dreikönigsnacht *(Twelfth Night)* gemünzt ist, wenn das seit Weihnachten ausgelassen saturnalische Treiben mit Maskerade und Schabernack seinen Höhepunkt erreicht.

Zu oft stiehlt der eitle, arrogante Haushofmeister Malvolio, der nur eine Schattierung des Phänomens Liebe präsentiert, der Gräfin und Viola die Aufmerksamkeit des Publikums. Und in manchen Aufführungen verordnen Regisseure in letzter Zeit der Kammerzofe Maria in ihrer Nebenrolle ein so anhaltendes, wieherndes Gelächter, dass das Publikum sich nicht mehr halten kann. Mancher nimmt dann diesen Ausbruch als tollste Erinnerung aus dem Theater mit.

Schade; denn »Was ihr wollt« gehört zum Besten, was Shakespeare zu bieten hat. Selten gelingt es einem Dramatiker, Variationen der Liebe mit vielerlei Täuschung, Selbsttäuschung und Enttäuschung so souverän vorzuführen. Doch auch so heiter, dass das Ausmaß der psychischen Verletzung des gepeinigten Malvolio am Schluss von vielen im Publikum kaum wahrgenommen wird.

Viola wirkt wie eine jener jungen Frauen, die immer den Lippenstift, ein Taschenmesser und ihren Verstand beisammenhaben. So kommen sie in Notlagen zurecht. Wie Viola, als sie nach einem Schiffbruch in Illyrien an Land gespült wird und auch noch fürchten muss, dass ihr Zwillingsbruder Sebastian das Unglück nicht überlebt hat.

Doch sie fasst und orientiert sich schnell durch Fragen an den ortskundigen Schiffshauptmann, der sich auch gerettet hat: Wo sind wir hier? Illyrien. Wer regiert hier? Herzog Orsino. Sie erfährt, dass er unvermählt ist und vergeblich um Gräfin Olivia wirbt. Lage klar. Beschluss: Als Mann – sozusagen ihr vermisster Bruder – verkleiden, unter dem neuen Namen Cesario zum Dienst beim Herzog. Wo sonst, wenn er hier der Boss ist?!

Ein etwas romantischer, sehr melancholischer Boss. Das zeigt sich schon in seinen ersten, oft zitierten Worten, wenn sich der Bühnenvorhang zu schmeichelnder Musik hebt:

»Wenn die Musik der Liebe Nahrung ist,
Spielt weiter! Gebt mir volles Maß, dass so
Die übersatte Lust erkrank und sterbe …«

Er stirbt fast vor Liebe zu Olivia – meint er. Tatsächlich ist Orsino mehr in die Liebe verliebt und weidet sich melancholisch am Liebesschmerz – immer wieder, wenn seine Liebesboten von Olivia ohne Erfolg zurückkommen. Da kommt ihm Cesario eben recht. Der Junge gefällt ihm. Vielleicht gefällt er auch Olivia und kann sie aus ihrer Trauer reißen?

Das gelingt – über Erwarten gut. Viola/Cesario ist ein androgyner Typ, der bei Männern und Frauen sofort Gefallen und freundliche Aufnahme findet. Und mehr als das. Bei Orsino spürt man homoerotische Gefühle für den – scheinbaren – jungen Mann; und Olivia verliebt sich auf den ersten Blick in ihn.

Auf dem Landsitz von Gräfin Olivia geht es etwas chaotisch zu; wie manchmal beim englischen Landadel, aber hier noch bunter, bis zur Karikatur. Da gibt es den hochnäsigen Haushofmeister Malvolio, das kecke Kammermädchen Maria und den Diener Fabio. Olivias Onkel, Junker Tobias von Rülp, hat sich bei ihr einquartiert, säuft und singt und lärmt tief in die Nacht zusammen mit Christoph von Bleichenwang. Dieser Junker gibt sich kapriziös, ist geistig minderbemittelt – er nennt es »von wunderlicher Gemütsart« – und möchte um Olivia freien; einstweilen wird er von Junker Tobias finanziell ausgenommen. Immerhin sagt er etwas Prophetisches:

»I am a great eater of beef,
and I believe that does harm to my wit!«

Ein großer Rindfleischesser, der meint, das schade seinem Verstand. Konnte Shakespeare ahnen, das sein England vier Jahrhunderte später von Rinderwahn und Angst vor den schrecklichen Folgen von BSE fürs menschliche Gehirn heimgesucht würde?

Zu Olivias »Hausrat« – wie er selbst es nennt – gehört auch noch ein professioneller Narr. Seinerzeit hatten Narren eine ähnliche Funktion wie heute das Fernsehen: auf Knopfdruck die Herrschaften zu unterhalten, gelegentlich auch zu informieren, Geschehnisse in nah und fern zu kommentieren, oft auf verquere Weise; Musik und Gesang sowie Ratespiele gehörten auch zu ihrem Repertoire. Sie hatten Narrenfreiheit, auch bittere Wahrheiten zu sagen. Shakespeare hat große Rollen für Narren geschrieben, in »Wie es euch gefällt«, in »König Lear«.

Olivias Narr ist bemüht, sie aus übertriebener Trauer um ihren Bruder herauszuspaßen. Ihre Pose bröckelt schon. Der Boden wird bereitet, aus dem Olivias Liebe zu Orsinos Pagen aufblühen kann. Die Botschaft, die Cesario vom Herzog bringt, will sie gar nicht hören; aber doch gern wissen, was Cesario täte, wenn er sie so sehr wie der Herzog lieben würde. Und der Page sagt es ihr mit romantischem Elan:

»Make me a willow cabin at your gate …«

»Ich baut an Eurer Tür ein Weidenhüttchen …«

Und dort wollte er treue Lieder von verschmähter Liebe singen, ihren Namen an die Hügel rufen, dass die Luft von »Olivia!« widerhalle, und ihr zwischen Himmel und Erde keine Ruhe gönnen, bis sie sich seiner erbarme.
Das ist etwas anderes als des Herzogs melancholisches Gesäusel! Olivia sorgt dafür, dass Cesario wiederkommen wird, und gesteht sich ein:

»Ich tu, ich weiß nicht, was …«

Viola/Cesario steht ratlos in dieser Dreiecksbeziehung:

»Wie soll das gehen? Orsino liebt sie zärtlich,
Ich armes Ding bin gleich verliebt in ihn;
Und sie, Betrog'ne, scheint in mich vergafft.
Was soll daraus werden?«

Zur Freude empfindsamer Zuschauer entwickeln sich feinfühlige Zuneigungen Violas/Cesarios zum Herzog wie zu Olivia, ein scheinbar leichtes Spiel mit Worten, weil der Mädchenknabe sich nach beiden Seiten bedeckt halten muss. Olivia gesteht er auch:

»Ich bin nicht, was ich bin.«

Doch Olivia mag sich nicht mehr zügeln:

»Ich wollt', Ihr wärt, wie ich Euch haben wollte …
So lieb ich dich, trotz meinem stolzen Sinn,
Dass ich des Herzens nicht mehr mächtig bin …«

Welch Glück, dass auch Violas Zwillingsbruder Sebastian den Schiffbruch überlebte. Er kann den verschlungenen Knoten der Beziehungen von Herzog, Viola und Olivia lösen. Bei ihm holen sich die Junker Christoph und Tobias blutige Nasen, als sie meinen, sie schlagen auf den Pagen Cesario ein, der nicht kämpfen wollte. Ihn heiratet Olivia in aller Eile anstelle von Cesario. Sebastian weiß nicht recht, wie ihm geschieht – aber Männerhändel und Frauenbändel sind ihm gleichermaßen ein Vergnügen.

Und dann stehen sich die Zwillinge gegenüber, sozusagen identisch, Viola noch in Männertracht. Alles klärt sich auf. Der Herzog heiratet Viola. Die beiden Frauen haben ihre Freiheit »auf männliche Art« ausgekostet und die Grenzen gesellschaftlicher Konventionen ausgetestet: die eine in Männertracht, den Degen umgeschnallt; die andere mit unverblümten Liebesgeständnissen und Heiratsinitiative bei dem, der ihr gefällt. Der Degen war nutzlos, Sebastian musste für die Schwester ziehen, Olivia musste Cesario ziehen lassen und bekam Sebastian – nun rücken Viola und Olivia in gesellschaftskonforme Rollen als Ehefrauen ein. Nur Malvolio kann nicht beigeben und schwört ewige Rache für das, was man ihm angetan hat.

Der Haushofmeister war der kecken Maria und den beiden Junkern bei ihrem groben Schabernack ins Garn gegangen. Maria schrieb für ihn in der Handschrift Olivias einen Brief. Darin wird ihm Hoffnung auf Heirat mit der Herrin gemacht. Und er wird gebeten, sich so zu betragen, wie sie es gern hätte: gelbe Strümpfe tragen, immer lächeln und staatsmännische Worte von sich geben. Tatsächlich kann Olivia gerade das alles nicht leiden. Als Malvolio sich ihr graziös auf gelben Strümpfen nähert, mit grinsendem Lächeln und hochtrabenden Worten, aus dem gefälschten Brief zitiert und gleich mit ihr ins Bett gehen will, als sie den anscheinend Fiebernden ins Bett stecken will, da scheint kein Zweifel mehr: Er ist verrückt.

So kann stille Liebe und eitle Hoffnung auf Einheirat in die Herrschaft zur Verblendung führen. Viola bekommt den Herzog, dem sie in stiller Liebe gedient hat, Malvolio hingegen bekommt eine bittere Lektion. Weil er für verrückt gilt, wird er gebunden und in eine dunkle Kammer gesperrt. Der Narr treibt das Komplott auf die Spitze, als er Malvolio, der fassungslos im Finstern hockt, befragt:

»Seid Ihr wirklich nicht verrückt? Oder tut Ihr nur so?«

Das hätte – in einem anderen Stück – Oberkämmerer Polonius den Prinzen Hamlet auch gern so direkt gefragt, weil er's wissen wollte. Hier ist es nur ein ironischer Spritzer auf eine bunte Palette von Liebe und Verrücktheit.

Der burleske Spaß um Malvolio ist großes, publikumswirksames Theater. Der Shakespeare-Kenner Manfred Pfister urteilt, die Belauschungsszene, in der Maria dem Malviolo einen fingierten Liebesbrief Olivias zuspielt, gehöre mit dem absurden Duell zwischen dem prahlerischen Feigling Bleichenwang und dem kampfunwilligen Pagen Cesario, die einander für blutgierige Kämpfer halten, zu den komischen Höhepunkten nicht nur dieser Komödie, sondern aller Komödienliteratur.

Wie es euch gefällt

Wer Mann und Frau sein kann, kann Glück und Harmonie bewirken

Immer wieder, wenn sie als Frauen nicht vorankommen, stecken sich Shakespeares starke Mädchen und Frauen in Männerkleider: Portia, die losgeht, den Kaufmann von Venedig zu retten; Viola, die beim Herzog als Cesario in Dienst geht; Julia, die ihrem untreuen Veroneser Bräutigam nach Mailand folgt. Doch keine wandelt sich so oft wie Rosalinde in der Komödie »Wie es euch gefällt«. Da spielt ein Knabe – wie immer in Shakespeares Stücken – die Rosalinde, die sich als Mann verkleidet, um mit ihrer Freundin Celia in den Wald von Arden zu ziehen – und dort spielt der Bursche die Rosalinde, um ihren schüchternen Lover Orlando zu lehren, wie man um eine Frau wirbt.

Unter Shakespeares vielen starken Frauen ist Rosalinde »die strahlendste und souveränste seiner Komödienheldinnen«[10] und zugleich »das beunruhigendste und faszinierendste Mann-Mädchen«[11] des Barden. Er lässt Rosalinde zeigen, wie ein Mensch locker über die Geschlechtergrenze wechseln kann, nicht nur durch Kleiderwechsel, sondern – wie es gefällt – zwischen männlicher und weiblicher Psyche pendelnd, und wie sich durch diese Erfahrung eine Souveränität entwickelt, die befähigt, bei anderen Schmerzen verstockter und verfehlter Liebe zu beheben, Ehen, Versöhnung und allgemeine Harmonie zu stiften: der Triumph des Androgynen. Prinzipielle feministische Vorbehalte, ein Junge oder Mann könne niemals authentisch Frauenrollen spielen, gehen angesichts Rosalindes androgyner Praxis ins Leere; das wiederum kann beunruhigend sein.

Rosalinde ist eine faszinierende, heute von Schauspielerinnen hoch begehrte Rolle. Doch sie hat kein leichtes Spiel. Denn die Komödie ist ein flirrendes Meisterwerk mit schnellen Dialogen und eiligem Szenenwechsel zwischen

Hofleben und Waldleben, zwischen Scherz und tiefer Bedeutung, viel romantisches Schäferspiel, aber mit ironischen Duschen – und mittendrin der melancholische Philosoph Jacques, der seine Betrachtung von sieben menschlichen Lebensstufen mit den oft zitierten Worten anhebt:

»All the world's a stage
and all the men and women merely players …«

Der Handlungsfaden, an den Shakespeare seine sprachlich geschliffenen Einfälle und Einsichten hängt – wie Orlando seine verhobenen Verse für Rosalinde an die Bäume im Wald –, ist dünn: Vom Hof ihres Onkels Friedrich verbannt, der schon ihren Vater als Herzog vertrieb, zieht Rosalinde in den Wald, für Shakespeare oft ein Ort wundersamer Wandlungen, erzieht sich dort Orlando, einen jungen Adligen, auch von seinem Bruder verstoßen, den sie als Sieger im Ringkampf bewundert hat, zu einem artikulationsfähigen Freier und Ehemann.

Wie sie das macht, wie entschlossen sie ihrem eigenen Gefühl folgt, Menschen zusammenbringt und Harmonie stiftet – das prädestiniert Rosalinde, käme sie von der Bühne herab in unsere Gesellschaft, zur Topdiplomatin oder zur UN-Generalsekretärin. Sie könnte auch ein Ehe- und Partnervermittlungsinstitut erfolgreich leiten; besonders, wo gleichgeschlechtliche Verbindungen ebenso anerkannt sind wie herkömmliche Ehen, mit denen die Komödie endet – um dem Gesellschaftskodex der Elisabethaner Genüge zu tun.

Rosalinde hat Selbstvertrauen, Mut zu Experiment und Selbsterfahrung. Sie kann sich als Zwitter anderen Menschen gefällig machen und sie für sich einnehmen. Als Onkel Friedrich sie vom Hof verbannt, geht dessen Tochter Celia heimlich mit. Celia fühlt sich eins mit Rosalinde:

»Wir schliefen stets beisammen,
Erwachten, lernten, spielten miteinander,
Und wo wir gingen wie der Juno Schwäne,
Da gingen wir gepaart und unzertrennlich.«

Celia geht als Schäferin Aliena verkleidet. Rosalinde kleidet sich als Mann und nennt sich Ganymed, nach Jupiters schönem Pagen: Celias Busenfreundin als verlockender Jüngling – man spürt es bei Rosalinde/Ganymed vielfältig erotisch knistern. Den Hofnarren Probstein nehmen sie auch mit; zur Unterhaltung. Als einer der besten Narren Shakespeares hat er gute Sprüche drauf:

»Ehrbarkeit mit Schönheit gepaart ist wie Honigbrühe über Zucker …«

»Wir, die mit Witz gesegnet sind, haben viel zu verantworten. Wir müssen necken, wir können's nicht lassen …«

Im Ardenner Wald, wohin die drei ziehen, versammelt Shakespeare das Personal seiner Komödie. Der vertriebene Herzog hat schon entdeckt:

»Sind diese Wälder
Nicht sorgenfreier als der falsche Hof?«

Orlando kommt, mit seinem alten, treuen Diener Adam (auch Shakespeare hat ihn gespielt). Schäfer, die Schäferin Phöbe, ein Wilhelm und das Bauernmädchen Kätchen sind im Gehölz unterwegs – verliebt und verdrossen; harmoniebedürftig. Orlando, dem als Sieger im Ringkampf Rosalinde ihre Halskette umhängte und der ihr sofort so verfiel wie sie ihm, behängt die Bäume mit Versen wie

Von dem Ost bis zu den Inden
Ist kein Juwel gleich Rosalinden.

Man merkt, dass sein böser Bruder ihm viel an Erziehung und Bildung verweigert hatte. Doch Ganymed holt das nach. Orlando muss ihn Rosalinde nennen; für ihn will sie Rosalinde sein, um die er werben soll. Er tut es und lernt:

Gute Redner räuspern sich, wenn sie aus dem Text kommen, und wenn Liebhabern (was Gott verhüte!) der Stoff ausgeht, so ist der schicklichste Behelf zu küssen.

Weibergedanken eilen immer ihren Handlungen voraus!

Männer sind Mai, wenn sie freien, und Dezember in der Ehe.

Ganymed/Rosalinde lehrt sogar Relativitätstheorie:

Die Zeit reist in verschiedenem Schritt mit verschiedenen Personen.

Sie ist Ganymed, aber gegenüber Celia, die Aliena heißt, fährt es ihr doch heraus:

»Wisst Ihr nicht, dass ich ein Weib bin? Wenn ich denke, muss ich sprechen.«

Beim großen Finale im Wald – vermutlich, wo es im Sinne Heideggers lichtet – zaubert sie als Rosalinde, die Männerkleidung hat sie abgelegt, Lösungen und Bindungen: Sie heiratet Orlando. Schäferin Phöbe, die den Ganymed liebestoll verfolgte, kann sie als Rosalinde nicht heiraten (gleichgeschlechtliche Ehen gab es noch nicht), also bekommt Phöbe den Schäfer, der sie liebt. Orlandos gebesserter Bruder bekommt Celia, Narr Probstein das Kätchen. Der alte Herzog bekommt von seinem gebesserten Bruder sein Herzogtum zurück.

Alles Harmonie, alles in guter Ordnung? Shakespeare-Experte Jan Kott verweist beim Versuch, »Das Geschlecht Rosalindes« zu ergründen, auf Rosalindes wiederum erotisch flirrenden Epilog. Da spricht der Knabe in Frauenkleidern die Zuschauer direkt an:

»Wäre ich eine Frau, so wollte ich so viele von euch küssen, als Bärte hätten, die mir gefielen, Gesichter, die mir anständen, und einen Atem, der mir nicht zuwider wäre …«

Die Vermischung der Geschlechter, meint Kott, müsse im elisabethanischen Theater vollkommen gewesen sein. Wie könne man das im heutigen Theater beiderseits des Atlantik zeigen und glaubhaft machen? Rosalinde werde »auf unseren zeitgenössischen Bühnen von Schatten aller als Ganymed verkleideten Rosalindes begleitet; als Mythos, als Besessenheit und Verführung des androgynen Eros, vergangen und immer wiederkehrend«.[12]

Ende gut, alles gut

Junge Frau sprengt die Fesseln von Sittsamkeit und Klassen

Wenn heute – in unserer sexuell freizügigen Zeit – ein junger Mann, ein Offizier, einer jungen Frau, die er nur flüchtig kennt, einen »Guten Tag« wünschen und sie dann gleich fragen würde:

»Are you meditating on virginity?« –

»Meditieren Sie über Jungfräulichkeit?«,

wäre das doch überraschend. Mehr noch, wenn die wohlerzogene, sittsame junge Frau »Ja« sagen und sich voll auf ein Gespräch einlassen würde, wie Frauen ihre Jungfräulichkeit verteidigen und zum Gegenangriff übergehen könnten, wenn Männer zudringlich werden.

Zu Shakespeares Zeiten und noch lange danach hat diese Unterhaltung als Auftaktszene einer Komödie anscheinend für manchen so anstößig geklungen, dass sie oft gestrichen wurde. Wie eine offene Provokation der elisabethanischen Gesellschaftsordnung aber muss es seinerzeit gewirkt haben, dass die junge Dame auch noch fragte, wie es sich wohl machen ließe, das Kapital der Jungfernschaft nach eigenem Wohlgefallen aufzugeben:

»How might one do, sir, to lose it to her own liking?«

Denn das zu entscheiden, zumal nach Liebe und Lust, ist in einer patriarchalischen Gesellschaft nicht Sache der Frauen, schon gar nicht aus der besseren Gesellschaft. Shakespeare-Forscherin Irene G. Dash hat in einer Analyse der Komödie »Ende gut, alles gut« daran erinnert, wie Frauen damals in der Klemme saßen: Einerseits wurden sie einzig mit dem Ziel erzogen, einen Mann zu finden – andererseits durften sie ihn sich nicht suchen! Sie hatten zu warten, bis er kam und sie nahm, nach seinem eigenen Willen oder durch Arrangement; und dabei war, vor allem in der besseren Gesellschaft, sorgsam auf Klassenunterschiede zu achten.[13]

In einer solchen Situation muss die Komödie »Ende gut, alles gut« – trotz ihrem dicken Zuckerguss launiger Einfälle – für viele konservative Gemüter und jeden Macho wie bittere Medizin gewirkt haben. Ist das vielleicht ein Grund dafür, dass das Stück so selten gespielt und wenn, dass dann der Text der Frauen, Helena und Gräfin von Roussillon, oft grob beschnitten wurde? Shakespeares Text kann als Ruhmesblatt eines Gesellschaftskritikers gelten, fast eines feministischen Provokateurs. »Ende gut, alles gut« ist kein dramaturgisch hervorragend durchgeformtes Stück. Aber Helena in der Hauptrolle ist eine starke Frau; sie weiß, was sie will – und tut es.

Dass es gleich in der ersten Szene so offen – und so öffentlich wie heute in mancher Talkshow – um Sex geht, ist mehr als ein Gag des Autors. Shakespeare war nie prüde. Er wollte sein Publikum nicht nur feinsinnig, sondern auch deftig unterhalten. Seine Dramen stecken voll von sexuellen Anspielungen und Zoten, wie der verkaterte Torwächter in »Macbeth« sie vorbringt. Es ist nicht schade, dass manche Zote bei der Übersetzung unter den Tisch fiel. Aber in dieser Komödie ist die Rolle der Frau, speziell ihre sexuelle Verfügbarkeit, das Thema. Und ihr sehr offener Dialog mit dem lotterigen Soldaten Parolles bringt Helena dazu, den geliebten Grafen Bertram nicht mehr als lichten Stern anzuhimmeln, sondern selbst etwas zu tun, um ihn zum Mann zu gewinnen. Plötzlich spricht sie sich Selbstbewusstsein zu:

»Oft ist's der eig'ne Geist, der Rettung schafft,
Die wir beim Himmel suchen. Unsrer Kraft
Verleiht er freien Raum, und nur dem Trägen,
Dem Willenlosen stellt er sich entgegen.«

Bertram zu gewinnen scheint kein hohes Ziel zu sein, zumal der Graf, der nichts von Helenas Liebe merken will, sich nur im militärischen Bereich als starke Persönlichkeit erweisen wird; sonst eher als ungefestigter, zudem verbohrter Typ. Doch ein anderes Ziel als die Ehe gab es nicht für eine Frau; und welche Probleme sie bekommt, wenn sie sich wenigstens ihren Partner aussucht, statt den Männern die Wahl zu überlassen, muss Helena bitter erfahren.

Doch sie schafft es. Durch dick und dünn, mit mutiger Leistung und kluger List rettet sie erst den König vom Tod und sorgt dann dafür, dass sie von dem Mann, den sie liebt, ein Kind bekommen kann; und den Mann auch. Heute würden manche sagen: ein »Superweib«!

Dass »Ende gut, alles gut« – mit diesem Titel und mit diesem Superweib – nicht längst als Musical über die Bühnen geht, ist schwer zu begreifen; manche Szenen – wie Helena die Reihe unwilliger Freier abschreitet, wie Parolles als Schurke entlarvt wird – wirken schon wie fix und fertig fürs Musical. Auch dass Helena eine Waise ist, Tochter eines Arztes, und dass sie von der ältlichen, aber gar nicht spröden Gräfin von Roussillon wie ihre Tochter behandelt wird, würde gut ins Musical passen.

Helena ist längst in Bertram verliebt, den Sohn der Gräfin von Roussillon. Sie wuchs mit ihm auf. Eine unerwiderte, stille Liebe; bis Bertram Abschied nimmt und zum Königshof nach Paris zieht – und Helena beschließt: Ich muss was tun!

Die Gelegenheit ist günstig. Der König ist todkrank. Alle Ärzte haben ihn aufgegeben. Doch Helena hat von ihrem Vater, dem berühmten Arzt, das rechte Mittel geerbt, ihn zu heilen. Aber wie schafft es eine junge Frau, überhaupt vom König empfangen zu werden? Helena schafft es – wie es Johanna von Orleans geschafft hat: mit unbeirrbarer Entschlusskraft. Wenn die Not groß und die Frau mutig ist, brechen starre Konventionen. Wie beim Auftritt von Johanna, war auch für Helena wesentlich, dem König den Glauben an eine Wende zu vermitteln.

Helena heilt den König. Sie darf sich zum Lohn – wie vom König auf Ehre versprochen, aber gegen die Sitte – ihren Ehemann aussuchen. Der König lässt seine jungen Edelleute antreten. Helena schreitet die Front unwilliger

Kandidaten ab. Sie wählt Bertram. Das war Sinn und Ziel ihrer abenteuerlichen Medizinalreise. Ein erwünschter Lohn für große Leistung.

Happy End? Keineswegs. Bertram verweigert sich. Helena ist doch arm und nicht von Adel. Also nein und nie! Der König, in der Klemme, weil er sein Wort gab, dass sie den Mann bekommt, den sie haben will, verspricht, sie mit Geld und Adel aufzubessern. Bertram fügt sich in die Heirat.

Doch nun zeigt sich, was ihm wider die männliche Natur geht: Nicht so sehr die soziale und finanzielle Differenz, vielmehr, dass er gewählt wird, nicht selber wählen kann. Ein Zwang, eine unerträgliche Kränkung! Also willigt Bertram nur pro forma in die Heirat ein. Er gibt Helena schriftlich, dass die Ehe nie vollzogen werden wird; es sei denn, sie kann ihm seinen Ring – ein Familienerbstück, das ihm nie vom Finger gehen werde – vorweisen und nachweisen, dass sie ein Kind von ihm trägt.

Also niemals. Eine offenbar unauflösliche Klemme. Ein ewiges Patt. Bertram schickt Helena nach Roussillon zur alten Gräfin. Er zieht in den Krieg; für Florenz gegen Siena. Parolles und andere ziehen mit.

Was nun, Helena?

Ihre fachliche Leistung, die Heilung des Königs, muss die Ärzte, die ihn aufgegeben hatten, tief in Berufs- und Mannesehre gekränkt haben. Wie kann eine Frau denn das leisten!? Allenfalls mögen die Mediziner – und viele andere Männer – sich eingeredet haben, dass Helena *surpassed her sex*; dass sie »ihren Mann gestanden« hat – wie man heute noch mancher Frau ein dummes Kompliment macht.

Ihre aggressive Initiative, weit über seinerzeitige Vorstellungen von Sittsamkeit hinaus, hat Helena nur einen formalen Sieg gebracht. Und neues Unglück; denn Bertram will ihretwegen nie mehr nach Roussillon zurückkehren, also auch seine Mutter verlassen.

Da räumt Helena mit heimlicher Flucht das Feld in Roussillon. Sie zieht, als Pilgerin verkleidet, in die Welt. Doch es zieht sie natürlich nach Florenz, um irgendwie diesen Bertram zu schützen, der sich, so meint sie, nur ihretwegen in Krieg und Lebensgefahr begeben habe.

Sie schafft auch ihre zweite Abenteuerreise. In Florenz steckt sie den Kopf mit einigen Frauen zusammen, vor allem mit einer Witwe und deren Tochter Diana. So entsteht, wie gelegentlich in Shakespeare-Stücken, in der patriarchalischen Welt eine Art feministische Zelle mit erheblichem Kraftpotenzial. Helena erfährt, dass Bertram inzwischen Kriegsruhm erlangt hat und dass er auf eine Liebesnacht mit Diana drängt. Sein Wunsch lässt sich unschwer erkennen: nicht nur Sex – sondern Sex mit einer Frau, die er sich aussucht; nicht mit seiner Frau, die sich ihn aussuchte und der er gegen seinen Willen zugesprochen wurde.

Diana hat sich Bertrams Verführungskünsten bisher widersetzt. Doch nun hecken die Frauen einen listigen Plan aus und ziehen ihn durch: Erst schmeichelt Diana mit dem Versprechen einer nächtlichen Liebesstunde Bertram seinen Familienring ab, dann verbringt Helena statt Diana die amouröse Stunde – in völliger Dunkelheit und schweigend, wie es zum *bed-trick* gehört – mit Bertram: Um das Kapital ihrer Jungfernschaft nach eigenem Wohlgefallen aufzugeben; ganz so, wie sie es sich vorgestellt hatte. Bertram merkt nicht, wer ihm unterschoben wurde – so wenig wie Angelo in »Maß für Maß«, der auch per *bed-trick* auf die Reihe gebracht wurde. Übrigens benimmt sich Bertram »wunderzärtlich«, wie Helena in der Schlussszene wissen lässt.

Beim großen Finale in Roussillon, mit dem König als Untersuchungsrichter, wird alles aufgeklärt. Bertram steht blamiert. Er bittet Helena um Verzeihung und verspricht, sie herzlich und ewig zu lieben. Weil es eine Komödie ist, die frohgemut enden soll, verspricht der König auch Diana einen Mann und einen Brautschatz. Und selbst Parolles, der als feiger Verräter entlarvt wurde, kommt billig davon.

Das Publikum kann gut gelaunt nach Hause gehen. Will jemand wetten, ob die Ehe von Bertram und Helena glücklich wird? Ist er geläutert? Lässt er sich von der klugen, umsichtigen Helena lenken? Das scheint noch nicht sicher. Doch dass Shakespeare den Frauen auf der Bühne eine kräftige Portion Selbstbewusstsein und eine weit aktivere Rolle zuschreibt als seinerzeit – und später noch – üblich, ist offensichtlich. Das mag damals schon manche Frau veranlasst haben, über sich, ihre Position und ihre Fähigkeiten neu nachzudenken. Und das hat den Dramatiker G. B. Shaw, einen eingefleischten Kritiker der Frauen sowie Shakespeares, dazu gebracht, dieses Stück des Barden und Helena als Modell der *new woman* uneingeschränkt zu bewundern.

Der Sturm/Pericles

Ein Glück, dass so manche Mädchen einen hellwachen Schutzengel haben

»Der Sturm« und »Pericles, Fürst von Tyrus« sind höchst unterschiedliche Romanzen. Doch in beiden wächst ein kleines Mädchen – das eine neugeboren, das andere noch keine drei Jahre – zu einer jungen Frau auf. Beide müssen dabei einen besonders aufmerksamen Schutzengel haben. Die eine, Miranda, entgeht einer Vergewaltigung und entwickelt sich prächtig in der Obhut ihres allein erziehenden Vaters; die andere, Marina, kommt nach einer Entführung in keuscher Unschuld durch die Bordellszene und richtet ihren seelisch gebrochenen Vater auf.

Wunder über Wunder – doch Wunder gehören zum Märchen wie Schauspieler auf die Bühne. Und mit seinen Romanzen hat Shakespeare in seinen letzten Schaffensjahren ein großes, wundervolles Märchenbuch aufgeschlagen. Wie Aschenputtel, dem Sterntalermädchen und Hänsels Gretel, spielen böse Menschen Shakespeares Mädchen übel mit. Miranda, Marina – und auch Perdita im »Wintermärchen«, die als Baby ausgesetzt wird; doch der Bär verschont Perdita, und am Ende bekommt sie einen Königssohn zum Mann. Für Miranda und Marina gibt es ebenfalls ein Happy End. Wie mit einem Schutzanzug – gewirkt aus Naivität und Güte – gehen diese Mädchen durch alles Ungemach, tun Gutes und streichen Balsam auf die Seele des Publikums.

»Pericles, Fürst von Tyrus« wird selten gespielt. Es sind Szenen aus dem Leben eines wackeren Herrschers, den es in eine Irrfahrt voller Überraschungen und Leiden treibt. Ein Kommentator hält die Episoden mit Zwischenberichten zusammen. In den ersten beiden Akten fehlt es der Komödie so an poetischem Format, dass Kenner meinen, Shakespeare habe das Stück nicht geschrieben, sondern überarbeitet und sich erst in der zweiten Hälfte auf sein dichterisches Vermögen besonnen.

Denn das war um 1608, als das Stück entstand, noch keineswegs erschöpft. Danach kam 1610 noch sein großes, dramaturgisch straffes und hochpoetisches Alterswerk auf die Bühne: »Der Sturm« – tiefgründig, facettenreich und populär. Da führt nicht der Zufall Regie, wie bei den Abenteuern des Pericles, sondern der Magier Prospero mit Zauberbüchern, Zauberstab und dem Luftgeist Ariel als treuem Gehilfen. Wenn Prospero am Ende seinem dienstbaren Geist die Freiheit gibt, seine Bücher klaftertief in der Erde versenkt und seinen Stab zerbricht, wirkt es auf viele Shakespeare-Fans, als hätte der Barde so seinen Abschied von Bühne und Dichtkunst genommen.

Prospero und Pericles sind beide heimatlos. Prospero wurde als Herzog von Mailand durch seinen Bruder Antonio vertrieben; mit seiner kleinen Tocher Miranda, in einem kaum seetüchtigen Boot, aber von einem seiner Getreuen mit allem ausgestattet, was er zum Zaubern braucht. Pericles hat sein Fürstentum Tyrus verlassen, damit Land und Leute nicht die Rache des Tyrannen Antiochus trifft, dessen inzestuöses Verhältnis mit seiner Tochter der Fürst aufgedeckt hatte.

Prospero hat sich in zwölf Jahren auf einer Insel wohnlich eingerichtet, mit seinem Luftgeist Ariel und dem eingeborenen Rohling Caliban fürs Grobe; dessen Versuch, Miranda zu vergewaltigen und die Insel mit kleinen Calibans zu bevölkern, um seinen Besitzanspruch zu untermauern, wurde vereitelt. Prospero und Mirandas Schutzengel haben aufgepasst. Jetzt geht es friedlich, harmonisch, fast paradiesisch auf der Insel zu: wie ein langes *sabbatical* für den allein erziehenden Magier.

Pericles hingegen irrt durch die Welt, vom Pech verfolgt. Sein Schiff geht unter. Er schwimmt an Land, heiratet die Königstochter Thaisa. Auf der Heimfahrt nach Tyrus bringt sie Marina zur Welt und stirbt dabei. Seebegräbnis mit Sarg. Pericles lässt die Tochter bei Freunden. Da entgeht Marina einem Mordkomplott, weil ihr Schutzengel aufpasst und Piraten sie rauben. Schön herangewachsen, wird sie an ein Bordell in Mytilene verkauft. Sie reformiert das gesamte Rotlichtmilieu, die reichen Kunden, sogar den Gehilfen der Kupplerin, dem sie ein neues Berufsbild entwirft. Auch Lysimachus, Statthalter von Mytilene, der als Kunde kommt, geht – ohne Sex – als ihr respektvoller Freund; auf den Schutzengel ist Verlass.

Ihr psychotherapeutisches Geschick spricht sich herum. Als ein Schiff einläuft und Lysimachus an Bord einen König findet, der seit drei Monaten aus Trauer um Frau und Tochter, die er verloren hat, mit niemandem mehr ein Wort gesprochen hat, gibt es doch nur eins: Marina muss helfen kommen! Marina spricht ihn an. Erst sagt Pericles nur »Hm« und »Ha«; dann erzählt sie ihm ihre Geschichte – eine neue Variante der Psychotherapie –, und Vater und Tochter sinken sich gerührt und glücklich in die Arme.

Nicht genug damit. Nach dem Freudentaumel, bei einem kurzen Nickerchen, hat Pericles eine Diana-Vision und findet anschließend zu seiner totgeglaubten Frau. Sie war nur scheintot, wurde im Sarg in Ephesus angeschwemmt und zu neuem Leben als Diana-Priesterin erweckt. Das Königspaar Pericles und Thaisa ist endlich wieder vereint. Marina heiratet Lysimachus. Und vielleicht bekommt ihr Schutzengel nun eine Pause.

Auch Prosperos Insel nähert sich ein Schiff und mit Ariels Hilfe entfesselt der Magier einen Sturm, dass sich die Planken biegen und die Masten splittern; zumindest erleben die Menschen an Bord so etwas wie die erste Szene von Wagners »Fliegender Holländer«: »Steuermann, Steuermann, her zu mir …«

An Bord sind Prosperos Bruder Antonio, der ihn seinerzeit auf elende Weise ins Exil geschickt hatte, König Alonso von Neapel mit seinem Bruder und seinem Sohn Ferdinand; dazu Hofleute, Spaßmacher, Trunkenbolde und die Schiffsbesatzung. Mit ihnen allen treibt Prospero sein Spiel; sie treiben es auch untereinander, mit Mordlust und Aufsässigkeit – bis Prospero ihnen die Augen öffnet: was Realität und was Illusion ist. Ferdinand wird von ihm als Schwiegersohn akzeptiert – aber bitte ohne voreehelichen Sex! (Der Magier scheint nicht sicher, dass der Schutzgeist dagegen im Wege stünde, und spricht selbst ein Machtwort.) Großherzig vergibt Prospero denen, die ihm Übles getan haben oder tun wollten. Er will jetzt das Zaubern lassen, stattdessen selbst noch einmal in Mailand nach dem Rechten sehen.

So kann man von der Insel lossegeln. Aber wie denn – das Schiff ist doch in Trümmern? Keineswegs. Das Schiff ist voll seetüchtig; kein Riss, keine Schramme. Es handelt sich – wie man das heute nennt – um einen virtuellen Schiffbruch, den Prospero und Ariel arrangiert hatten. Alle an Bord waren überzeugt, dass sie einen realen, katastrophalen Schiffbruch erlebt hatten. Doch es war eine Sinnestäuschung; was man damals Zauberei nannte oder – bei Shakespeare – ein geniales Spiel von Sein und Schein. Heute sind virtuelle Ereignisse ganz selbstverständlich. Auch das macht Shakespeare so aktuell.

Glück und Qual der Partnerwahl

Die beiden Veroneser

Wenn ein Dramatiker noch übt, kann er auf den Hund kommen

Wenn Feministinnen gegen ein Shakespeare-Stück zu Felde ziehen wollen – warum dann nicht gegen »Die beiden Veroneser«? Oft lässt »Der Widerspenstigen Zähmung« Feministinnen rotsehen; schon wegen des Titels, mehr noch wegen Katharinas »Unterwerfungsrede«. Die beiden Veroneser, Valentin und Proteus, kommen hingegen mit einem harmlosen Titel daher, entpuppen sich aber als Doppelpack rücksichtsloser Männerfreundschaft.

Als Valentin seine geliebte Silvia eben vom gewaltsamen Übergriff seines Freundes Proteus gerettet hat, will er sie ihm, kaum dass Proteus etwas Reue zeigt, großzügig überlassen:

»All that was mine in Silvia I give thee.«

Grob gesagt: Hier, Kumpel, greif zu! Wird so Männerfreundschaft abgesiegelt? Ein starkes Stück! Das fand auch der große Garrick, als er 1762 die Komödie in London inszenierte. Er strich die Stelle. Auch danach bleibt noch viel Dummheit und Hinterlist der beiden Männer aufzuführen. Die beiden jungen Frauen Julia und Silvia hingegen erweisen sich als so treu, so wacker und so gewitzt, dass auch Feministinnen ihre Freude haben sollten.

Valentin und Proteus waren in Verona eng befreundet. Valentin zieht nach Mailand, um bei Hofe feine Bildung zu erwerben. Er verliebt sich in des Herzogs Tochter Silvia und wird auch vom Herzog, der von der beiden heimlicher Verlobung nichts weiß, sehr geschätzt. Proteus' Vater hält feine Bildung ebenfalls für vorteilhaft und schickt seinen Sohn auch nach Mailand. Dem fällt der Abschied von seiner Braut Julia schwer. Doch in Mailand vergisst er sie schnell, als er Silvia sieht. Für Valentin gibt er sich weiter als Herzensfreund; aber um den Rivalen auszustechen, verrät er dem Herzog, dass Valentin seine Tochter über eine Strickleiter nachts entführen wolle. Valentin wird vom Herzog verbannt und im Wald von Räubern zu ihrem Hauptmann ernannt.

Dort in den Wald treibt es auch die anderen: Silvia auf der Suche nach Valentin, den Herzog, Proteus und Silvias offiziellen Verehrer Thurio auf der Suche nach Silvia; dazu noch des Proteus schmählich verlassene Braut Julia, die ihm als Bursch verkleidet nach Mailand gefolgt und bei ihm in Dienst gegangen ist, ohne dass er sie erkennt.

Silvia fällt den Räubern in die Hände. Es sind nette, anständige Räuber von der Art Robin Hoods. Proteus, der Silvia irgendwie befreit, will sich dann gleich auf sie stürzen, seinen Lohn zu holen.

»Mit Gewalt bezwing ich dich!«

Da tritt Valentin aus dem Gebüsch und dazwischen. Er verflucht seinen falschen Freund. Doch als Proteus ihn um Vergebung bittet, ist er sofort ausgesöhnt:

»Und, dass vollkommen werde mein Verzeihn,
Geb ich dir alles, was in Silvia mein.«

Silvia wird bei diesem Mädchenhandel unter Männern nicht gefragt. Sie kommt im ganzen Stück gar nicht mehr zu Wort. Thurio will sie nun auch nicht mehr. Proteus wendet sich Julia zu, die sich ihm zu erkennen gibt. Der Herzog spricht Silvia dann Valentin zu, sodass die Liebe ins Lot kommt.

Wie man mit Silvia umspringt, mag manchen ärgern, nicht nur Feministinnen. Denn wie Julia ihrem Proteus nachzog und wie Silvia sich von Valentin entführen lassen wollte, hat sie als wackere, treue Mädchen ausgewiesen. Und wie gewitzt war Silvia, als sie Valentin gekonnte Liebesbriefe an einen unbekannten Freund aufsetzen ließ und sie ihm zum Lesen zurückgab – und wie dumm war Valentin, der nicht merkte, dass er selbst dieser Freund war! Und wie anstandsvoll hat Julia einen Liebesbrief von Proteus zerrissen – und dann begehrlich die Fetzen wieder zusammengesucht.

Das ist gute Komödie. Das sind Narreteien junger Liebe. »Die beiden Veroneser« ist kein starkes, populäres Stück: aber sprachlich und mit Nebenfiguren witzig ausstaffiert. Und im Shakespeare-Kanon ist das Stück etwas Besonderes:

Erstens lässt Shakespeare hier zum einzigen Mal einen Hund auftreten – und wie attraktiv ein Hund auf der Bühne sein kann, wurde in »Shakespeare in Love« vorgeführt: Königin Elisabeth I. schüttelte sich vor Lachen über den unartigen Köter. Der Hund heißt Crab und sein Herrchen Lance ist ihm so treu verbunden, dass er, als Crab im Herzogspalast markiert, die Schandtat auf sich nimmt und sich dafür aus dem Saal peitschen lässt.

Zweitens und wichtiger ist die Komödie ein Früh-Stück des Barden. Er übt noch – und vielleicht können ihm Feministinnen auch deshalb einiges nachsehen. Er bastelt noch an den Konturen seiner Figuren. Wer »Die beiden Veroneser« gesehen hat, findet manche und manches in späteren Stücken wieder – kunstvoller ausgefeilt.

Deutsche Kinogänger, denen die dramatische Szene im Wald bekannt vorkommt, mögen sich an »Das Wirtshaus im Spessart« mit Liselotte Pulver erinnern: Auch da steht ein Edelmann, den die Räuber gefangen genommen und zu ihrem Hauptmann erkoren hatten, einer Grafentochter in Not liebevoll bei. Auch da gibt es einen offiziellen, bei der Dame chancenlosen Bewerber vom Schlage Thurios. Auch im Spessart gibt es ein Happy End: Verzeihung, Hochzeit und ordentliche Jobs für die Räuber – 400 Jahre nach Shakespeare.

Titanias Traummann

»Der Mensch ist nur ein Esel, wenn er sich einfallen lässt, diesen Traum auszulegen.«

Ein Sommernachtstraum

Shakespeares traumhafte Schule für Liebe, Ehe und Partnerschaft

Wie findet man den richtigen Partner? Das fragen sich seit Jahrhunderten Tänzer und Tänzerinnen, Tennisspieler und Tennisspielerinnen fürs Doppel, Geschäftsleute für neue Verbindungen, Kunden von Eheanbahnungsinstituten und alle Männer und Frauen, die es mit der Liebe versuchen möchten; mit einem Lebens- oder wenigstens einem Lebensabschnittspartner. Antworten gibt es in Stapeln von Ratgeberbüchern, viel mehr als zur Shakespeare-Zeit, aber keineswegs immer zuverlässig. Was also war damals zu tun, was hilft auch heute noch weiter? Ins Theater gehen! »Ein Sommernachtstraum« ist eine große und höchst vergnügliche Schule für Liebe, Ehe und Partnerschaft; und wie in der Schule kann jeder dort Merksätze mitnehmen.

Shakespeare spielt alles durch: schüchterne und aufmüpfige, verlassene und besessene Liebe. Da gibt es eine formal gesicherte, aber noch keineswegs harmonisierte eheliche Partnerschaft und eine, die aus Eifersucht und im Streit um ein Kind böse Wellen schlägt; mit katastrophalen Umweltfolgen und mühsamer Versöhnung. Man erlebt auch, wie eine klassische Liebestragödie zur Komödie wird; ohne dass die Beteiligten es recht merken.

Das alles und noch mehr führt Shakespeare vierstöckig vor: oben die Herrscher im Naturreich, Titania und Oberon; in der Beletage das Fürstenpaar, Herzog Theseus von Athen und die Amazonenkönigin Hippolyta; sozusagen im Parterre, aus gutem Hause, aber meistens im Wald, zwei junge Burschen und zwei junge Mädchen; und im Souterrain mühen sich Handwerker als Laienspieler, zwischen Tölpelei und einem phantastischen Traum. Mittendrin, zwischendurch und überall, ist Robin Goodfellow, der Puck, zugegen, Oberons koboldhafter, geschwinder, oft eigensinniger Gehilfe. Mit seinem Zaubersaft bringt er manches durcheinander und renkt es wieder ein. In 400 Jahren ohne Harry Potter haben sich Millionen von Kindern – und Erwachsenen – von dem zauberhaften Troll begeistern lassen; und auf die Dauer wird ihm selbst Harry Potter nicht den Rang ablaufen.

Viele Generationen von Engländern sind in die Sommernachtstraumschule gegangen. Fragt man danach im Land von Robin Goodfellow und Harry Potter, dann hört man oft: »Ja, das war mein erstes Theaterstück. Ich war sechs oder sieben, da haben mich meine Eltern mitgenommen.« Das erste Mal hat immer besondere Bedeutung. Wer als Erstes den »Sommernachtstraum« erlebt, sieht *Shakespeare at his best;* jedenfalls als kreativen Komödiendichter. »Ein Sommernachtstraum« ist ganz Shakespeare – eines der wenigen Stücke, für die er keine Vorlage benutzte.

Wer sich mit sechs oder sieben über die Späße des Pucks freute, wird zehn Jahre später im gleichen Stück gespannt den Irrungen und Wirrungen junger Liebe folgen; später vielleicht mehr der Eheanbahnung und dem Ehekrach reiferer Paare. Man lernt Frauen kennen. Hippolyta, Hermia und Helena, Titania und Thisbe öffnen den Fächer Frau; dazu noch vier reizende Elfen zum Verwöhnen alter Esel.

Als Erste treten die Brautleute Theseus und Hippolyta auf, in seinem Palast in Athen. Theseus ist einer der mächtigen Männer der griechischen Mythologie. Er hat im Labyrinth von Knossos den Minotaurus getötet, den schrecklichen Stier; wie nebenbei auch den Wegelagerer Prokrustes, der Reisenden den Kopf abschlug oder sie in die Länge zerrte, damit sie in sein sprichwörtliches Bett passten.

Aber mit der Familie war Theseus nicht so glücklich. Fast wäre er von seiner Stiefmutter Medea vergiftet worden und später kommt sein Sohn durch die

Ränke seiner zweiten Frau ums Leben; er selbst wird vertrieben und fern der Heimat von einem Felsen gestürzt.

Doch jetzt gilt es erst einmal Hochzeit halten: mit Hippolyta, der Amazonenkönigin, die er überwunden, aber noch nicht so ganz für sich eingenommen hat:

> *»Hippolyta, ich habe mit dem Schwert um dich gebuhlt, durch angetanes Leid dein Herz gewonnen; doch ich stimm nun aus einem anderen Ton, mit Pomp, Triumph, Bankett und Spielen die Vermählung an.«*

Hippolyta wirkt zurückhaltend, spröde; und Theseus findet kaum das rechte Wort. Sie tun sich schwer. Er will im Wald Hippolyta die Jagdmusik seiner Hunde vorführen; schon sagt sie, nie habe sie das Jagdgebell der Meute schöner gehört als bei einer Bärenhatz mit spartanischen Hunden in den Wäldern Kretas. Nun muss Theseus dagegenhalten, seine Hunde seien auch aus Spartas Zucht und es gäbe »harmonischer niemals ein Gebell«.

MERKE:

Wenn der Partner etwas vorführen will, auf das er stolz ist, sag nicht vorher, du hättest es schon anderswo unübertrefflich gehört oder gesehen!

Den Wald und was darin geschieht sehen beide unterschiedlich. Als die jungen Liebenden zum guten Schluss erzählen, was ihnen dort Phantastisches widerfahren ist, tut Theseus das rational ab:

> *»Ich glaubte nie an diese Feenpossen*
> *Und Fabelein. Verliebte und Verrückte*
> *Sind beide von so brausendem Gehirn,*
> *So bildungsreicher Phantasie, die wahrnimmt,*
> *Was nie die kühlere Vernunft begreift.«*

Hippolyta hält dagegen, dass die merkwürdigen Begebenheiten immerhin Wirkung auf die jungen Leute hatten und sie gewandelt haben:

»Doch diese ganze Nachtbegebenheit
Und ihrer aller Sinn zugleich verwandelt,
Bezeugen mehr als Spiel der Einbildung:
Es wird daraus ein Ganzes voll Bestand,
Doch seltsam immer noch und wundervoll.«

Heute könnten Theseus und Hippolyta für das unbestimmte Phänomen den Begriff Virtualität als gemeinsamen Nenner finden: für das, was die Vernunft nicht konkret wahrnimmt und was doch Wirkung zeigt, als sei es existent. Ob auch ohne solche modernen Begriffe eine gute eheliche Partnerschaft von Theseus und Hippolyta gelingen kann? Sie arbeiten daran, mit Bankett und Spielen, bei denen man sich näher kommen kann.

Kaum sind Theseus und Hippolyta auf der Bühne, da wird Hermia von ihrem Vater Egeus hereingebracht. Der Vater will, dass sie Demetrius heiratet, Egeus hat es ihm zugesagt; Hermia weigert sich und will Lysander, den sie liebt. Herzog Theseus lässt beide als wackere Jünglinge gelten, entscheidet aber landesherrlich für Demetrius, wie es der Vater will.

Hermia: »Oh, säh mein Vater nur mit meinen Augen.«

Theseus: »Euer Auge muss nach seinem Urteil sehn.«

Hermia hat wenig Wahl: Demetrius oder Tod oder Kloster. Es hilft nichts, dass Lysander den Rivalen höhnt:

»Demetrius, Ihr habt des Vaters Liebe:
Nehmt ihn zum Weibe; lasst mir Hermia!«

Immerhin bekommt Hermia eine Bedenkzeit; die nutzen

die Liebenden. Sie flüchten in den Wald, wo irgendwo Lysanders großzügige Tante wohnt. Sie verirren sich und müssen im Wald übernachten. Nah beieinander? Hermia liebt Lysander. Sie hat sich von ihm entführen lassen – aber zu nah darf er nachts nicht kommen. Aus Schüchternheit und Sehnsucht wird unter guter Regie auf der Bühne ein kokettes Spiel: wie er näher rückt, sich abweisen lässt, näher rückt, schließlich auf Anstandsabstand einschläft.

Das wird zum Verhängnis. Als Feenkönig Oberon vorbeikommt, meint er, der junge Mann habe die Braut böswillig zu weit allein gelassen. Gleich muss Puck die Augen Lysanders mit Zaubersaft beträufeln, damit er beim Erwachen zum ersten Wesen, das er sieht, in Liebe entbrennt. Lysander erwacht, sieht Hermias Freundin Helena, die eben des Weges kommt, springt auf, schwört Helena seine Liebe und rennt ihr nach. Als Hermia erwacht, macht sie eine Erfahrung, die vor ihr schon manche Frau gemacht hat: Als sie ihren Lover auf Distanz hielt, war er plötzlich weg. Gelegentlich sagt dann ja einer noch: »Ich gehe mal eben Zigaretten holen …«

MERKE:

Distanz zum Lover mag klug sein, bei zu viel Distanz kann er sich leicht entfernen!

Und wie kommt Helena in den Wald? Lysander und Hermia hatten ihr von ihrem Fluchtplan erzählt. Helena erzählte es gleich Demetrius, um bei ihm einen Pluspunkt zu machen. Als er in den Wald aufbrach, irgendwie hinter Hermia her, folgte sie ihm, der sie ständig grob abweist, besessen wie das Käthchen von Heilbronn ihrem Ritter vom Strahl.

MERKE:

Wahrt eure Geheimnisse, auch und gerade vor der besten Freundin. *No need to know!*

Hermia ist erschrocken, verlassen. Wo ist Lysander? Als Demetrius vorüberkommt, der die liebesbesessene Helena mit bösen Worten endlich abgeschüttelt hat, meint Hermia zu wissen, was passiert ist: Er hat ihren Lysander, seinen Rivalen, umgebracht! Woher sie das weiß?

»Es kann nicht anders sein: Du mordetest ihn mir.
So sieht ein Mörder aus, so grass, so stier!«

Eine böse Szene folgt.

MERKE:

Mörder kennt man selten am Gesicht, und in Spannungsfeldern sind Kurzschlüsse höchst gefährlich!

Nun tut Demetrius das Klügste, was er tun kann: Er legt sich schlafen. Das hilft oft und hier besonders. Denn nun kann Puck, um seinen Missgriff gutzumachen, dem richtigen Burschen mit Zaubertrank die Augen netzen. Als Helena kommt, verfolgt vom liebestoll verzauberten Lysander, schlägt Demetrius die Augen auf, der Zauber wirkt, und er grüßt Helena, die er so lange verachtend beschimpft und abgeschüttelt hat:

»O Huldin, schönste Göttin meiner Wahl …«

Helena versteht die Welt nicht mehr. Schon Lysanders plötzliche Liebesschwüre sind ihr unheimlich. Nun sucht ihn Demetrius noch zu übertrumpfen, bei dem sie sonst vergeblich um ein gutes Wort gebettelt! Als auch Hermia auftaucht, meint sie, nun sei alles klar: alle Liebesschwüre nur Spott und Hohn und ihre beste Freundin Hermia mit im Komplott:

»Nun merk ich's: Alle drei verbanden sich
Zu dieser falschen Posse gegen mich.«

Das Waldstück wird zum Schlachtfeld. Die beiden Burschen, Rivalen um Helena, gehen mit Schwertern aufeinander los, die beiden Mädchen mit Fingernägeln. Jedes Wort, auch gut gemeint, wirkt als Beleidigung, jede Schlichtung als Provokation.

Das gibt es immer wieder, im kleinen, eben noch trauten Kreis und in der großen Politik: Eine Spirale des Bösen reißt alle mit. Außenstehende erkennen, was läuft, können schon die nächste wütende Drehung der Spirale absehen – doch wer greift schon in solch einen teuflischen Mechanismus, der kaum zu stoppen ist? Und nicht immer ist ein Puck zur Stelle, der die Streithähne auseinander lockt und Schlimmeres verhindert, bis sich alle ausgetobt haben und endlich schlafen legen.

MERKE:

Wenn die Wut der Partner überkocht und Vernunft kein Gehör mehr findet, tut eine Ruhepause gut!

Danach sieht die Welt wieder anders aus. Man schämt sich, man versöhnt sich. Besser noch, und das ist Shakespeares Rezept: Man denkt, man habe das alles nur geträumt; man fühlt sich wie neugeboren. Man freut sich: Dank Pucks Kunstfehlerkorrektur hat Hermia wieder mit Lysander, Demetrius endlich mit Helena zusammengefunden.

Unter Athener Liebespaaren erst Verwirrung, dann liebevolle Partnerschaften zu stiften, gelingt Oberon besser, als sein eigenes Feenreich fair und effizient zu regieren. Er hat mit seiner Feenkönigin Titania bösen Ehekrach. Es geht um Eifersüchteleien und um ein indisches Prinzenkind, das er seiner Frau als Edelknaben für sein Gefolge abspenstig machen will. Er ist sauer: Sie geht nicht mehr mit ihm ins Bett, will auch nicht mehr mit ihm reden. Dann redet sie doch, aus ökonomisch-ökologischer Sorge. Sie erinnert ihn, dass ihr Streit die Jahreszeiten, das Wetter, das Klima durcheinander gebracht habe: Das Korn verfault, bevor es reifen kann, Flüsse schäumen über, das Vieh ersäuft:

»Und diese ganze Brut von Plagen kommt
Von unserem Streit, von unserem Zwiespalt her.«

Oberon, ganz Macho:

»So hilf dem ab! Es liegt an dir.«

Sie brauche nur das Kind herauszugeben. Das will sie nicht. Was sie in schöner Poesie vorträgt, beweist ihren Anspruch:

»Das Feenland kauft mir dies Kind nicht ab;
Denn seine Mutter war aus meinem Orden
Und hat in Indiens gewürzter Luft
Gar oft mit mir die Nächte weggeschwatzt.
Wir saßen auf Neptunus' gelbem Sand,
Sahn nach den Handelsschiffen auf der Flut
Und lachten, wenn vom üpp'gen Spiel des Windes
Der Segel schwang'rer Leib zu schwellen schien.
Dies ahmte sie, mit kleinen Schritten wankend –
Ihr Leib trug damals meinen kleinen Junker –,
Aus Torheit nach und segelt' auf dem Lande
Nach Spielereien aus und kehrte, reich
An Ware, wie von einer Reise, heim.
Doch sie, ein sterblich Weib, starb an dem Kinde,
Und ihr zulieb erzieh ich nun das Kind,
Und ihr zuliebe geb ich es nicht weg.«

Doch Oberon mit seinem Puck und seinem Zaubersaft ist stärker. Puck träufelt Titania das Wundermittel, als sie schläft, in die Augen. Als sie die Augen aufschlägt – nicht wach, in einer Art Hypnose –, verfällt sie der Liebe zum ersten Wesen, das sie erblickt: ein Ungetüm!

Es ist der biedere, aber hyperaktive und phantasiebegabte Weber Zettel, dem Puck zum Spaß einen Eselskopf aufgesetzt hat, als Zettel mit Handwerkskollegen im Wald ein Laienspiel für Theseus' Hochzeit mit Hippolyta einübte. Die Kollegen Zimmermann und Schreiner,

Schneider und Bälgeflicker, sind angesichts dieser Verwandlung entsetzt geflüchtet. Zettel fühlt sich seltsam, doch ihm wird immer wohler, als er Titania trifft. Ihre Elfen füttern und streicheln ihn, kratzen, wo's ihn juckt – und dann das Kosen mit Titania! Sehr intim. (Sex inklusive? Das liegt jeweils am Regisseur.)

Im Hypnoseschlaf gibt Titania auch Oberon das indische Prinzlein heraus. Triumph des Macho-Partners! Er löst den Zauber. Sie sieht entsetzt ein Ungetüm im Gras liegen. War das ihr Lover? Dieser Esel? War es nicht nur ein böser Traum? Nach dem Kind fragt sie gar nicht mehr.

MERKE:

Wer ein Kind hütet, das ein trickreicher Partner haben will, muss hellwachsam sein; Gleiches gilt für Umwelthüter.

Zettel, als er erwacht, sagt sich, dass alles nur ein Traum gewesen sei, den niemand begreifen könne; und geht, mit seiner Laienspielschar vor Theseus' Palast »Pyramus und Thisbe« aufführen: Die Tragödie zweier verliebter Nachbarskinder, die nur durch einen Spalt in der Wand miteinander flüstern können. Als sie sich endlich zur Nacht außerhalb der Stadt verabreden, hört Thisbe, als Erste am Ort, einen Löwen brüllen. Sie flüchtet. Der Löwe zerreißt ihren Mantel. Pyramus kommt, sieht den zerfetzten Mantel und glaubt, das Untier habe Thisbe zerrissen. Pyramus (Zettel) klagt:

»Warum denn, o Natur, tatst du den Löwen bauen?
Weil solch ein schnöder Löw' mein Lieb hat
defloriert …«

Und bringt sich um. Als Thisbe zurückkommt und ihn tot findet, tut sie es ihm nach. Alles unsagbar traurig – fast wie bei Romeo und Julia. Doch wie die Handwerker es darbieten, einer spielt die Wand, mit gespreizten Fingern als Ritze zum Durchsprechen, einer kommt als Löwe mit Versicherungen, niemand müsse sich fürchten, er sei kein echter Löwe – das wird vor der Hochzeitsgesellschaft als Komödie ein großer Erfolg.

MERKE:

Mancher, der meint, tief in einer Tragödie zu stecken, bietet für andere einen komischen Anblick.

Komödie der Irrungen

Landgang, Fremdgang, Doppelgänger – ein langer Tag wird bang und bänger

Ein Mann geht an Land und durch eine fremde Stadt. Hier war er nie zuvor. Hier kennt er niemanden. Doch jedermann grüßt ihn, ruft ihn beim Namen: Antipholus! Ein Schneider will ihn in seine Werkstatt ziehen, die bestellten Stoffe anzumessen. Ein Goldschmied überreicht die bestellte Kette. Das muss nervös machen. Was geht hier vor? Ist es ein groß angelegter Schabernack? Oder Gedächtnisverlust? Verwandlung in eine fremde Identität?

Dem Antipholus von Syrakus, dem das in Ephesus widerfuhr, hätte zwar dämmern können, dass er sich im Dunstkreis seines Zwillingsbruders bewegte, den er seit Jahren suchte. Doch dann wäre Shakespeares »Komödie der Irrungen« schnell zu Ende; und nur eine Farce, deren Inhalt sich in zwei Sätze fassen lässt: Bei einem Schiffbruch wurde das Ehepaar Ägeon und Ämilia mit seinen jungen, zum Verwechseln ähnlichen Zwillingssöhnen Antipholus und deren zugekauften, zum Verwechseln ähnlichen Zwillingsdienern namens Dromio so auseinander gerissen, dass es Ägeon und einen Sohn samt Diener nach Syrakus verschlug. Von dort brachen Sohn und Diener auf, ihre Brüder zu suchen, später auch der Vater – und alle, auch Ämilia, treffen sich eines Tages in Ephesus; für die Dauer dieses bangen Tages in Suchen, Heimsuchungen und Missverständnisse verstrickt, die sich zum Happy End allsamt auflösen.

Doch die »Komödie der Irrungen« ist weit mehr als eine Farce. Sie ist ein amüsantes Schau- und Lehrstück über einen Gang in die Fremde, bei dem ein Mann wahrhaft sagen kann: Ich verstehe die Welt nicht mehr! Ein Stück auch über den Umgang mit Fremden und mit einem, der fremdgeht; aber vor allem über bröckelige Identitäten, Begegnungen mit sich selbst, die Suche nach Menschen, Zeugen, Partnern, an denen sich eigene Identität aufrichten, bestätigen und bewähren kann. Und wenn manches im Stück als *Clowning* erscheinen mag, spüren wir – Shakespeare ist immer aktuell! – doch schon die Problematik des Kloning und künftiger Identitätskrisen.

Als Erstes stößt dem Kaufmann Ägeon die Fremde bitter auf. Eben in Ephesus angekommen, wird er festgenommen und ist schon gesetzomatisch zum Tode verurteilt – nur weil er aus Syrakus stammt! Es ist Unfriede zwischen beiden Städten. Auch wenn der Herzog von Ephesus ihm persönlich wohlwill, soll das Todesurteil noch am gleichen Abend, sofern der Fremde nicht ein hohes Lösegeld schafft, vollstreckt werden.

Dann geht – ohne vom Schicksal des Vaters zu wissen – Antipholus von Syrakus (v. S.) in Ephesus an Land; gut beraten, seine Herkunft zu verschweigen. Er hebt Geld ab, schickt seinen Diener Dromio v. S. damit ins Gasthaus, wundert sich, dass Dromio gleich wieder die Straße entlangkommt – und ist entsetzt, als dieser vom Geld nichts wissen will, sondern ihn drängt, zum Essen zu seiner Frau heimzukommen; und er hat doch gar keine Frau.

Nun beginnen die Missverständnisse. Dromio v. E. schildert Adriana, der Frau des Antipholus v. E., seine Begegnung mit Antipholus v. S., den er für Antipholus v. E. hielt:

»Als ich ihn bat, zum Essen heimzukommen,
So fragt' er mich nach tausend Mark in Gold,
›'s ist Essenzeit!‹, sagt' ich. ›Mein Gold!‹, sagt' er.
›Kommt Ihr nicht bald?‹, sagt' ich. ›Mein Gold!‹,
sagt' er …
›Der Hahn verbrennt!‹, sagt' ich. ›Mein Gold!‹,
sagt' er …«

So kann man nicht zusammenfinden. Der Wortwechsel, der kein Dialog ist, kann an den Wortwechsel zwischen Othello und Desdemona erinnern, als Othello, auf alles, was Desdemona sagt, nur »Das Tuch!« fordert. In der Tragödie stellt dieser Wortwechsel die Weichen zum mörderischen Ende. In der Komödie zu Ephesus geht es weniger tragisch weiter.

Adriana holt Antipholus heim – den falschen Antipholus v. S. Merkt sie keinen Unterschied? Anscheinend so wenig wie ihr klassisches Vorbild Alkmene, der Zeus in Gestalt ihres Gatten Amphitryon beiwohnte. Etwas seltsam kommt der Adriana ihr Antipholus vor, doch nicht eigentlich verändert, sondern entfremdet – von ihr, vom Haus, von sich selbst. Daran gibt sie die Schuld der Kurtisane der Stadt, die ihr Mann gern besucht. Adriana weiß nicht recht, wie sie den Fremdgänger halten soll. Sie ist keine starke Frau, will es auch nicht sein – sondern nur die Rebe, die einem

»kräft'gen Stamm sich vermählt«.

Ob das je eine gute Ehe und Partnerschaft war oder werden könnte? Dann kommt Antipholus v. E., mit seinem Diener Dromio, will in sein Haus, will zu seiner Frau und wird in einem wilden Wortscharmützel abgewiesen; ihre Plätze sind besetzt! Als sie abgezogen sind, wirbt Antipholus v. S. um Adrianas kluge, stets beruhigende und vermittlungsbereite Schwester Luciana, während die dicke Köchin auf Dromio v. S. Ansprüche macht, den sie für ihren Dromio v. E. nimmt. Verzweifelt stellt Dromio v. S. lakonisch die Frage, mit der sich alle plagen:

»Bin ich ich?«

Sonst ist die Sprache der beiden Dromios eher überschäumend kraus. Das fördert Missverständnisse; nicht nur in Shakespeares Komödien, auch in unserem Alltag: wenn Fachchinesen sprachlich vom Leder ziehen, wenn Tante Olga sich gewählt ausdrücken will oder wenn in Politik und Wirtschaft schwierige Probleme verbal vernebelt werden.

Antipholus v. E. gerät in Schuldhaft, weil er die Kette bezahlen soll, die sein Zwilling bekam; das Lösegeld, das sein Dromio ihm holt, geht auch an den falschen Zwilling. Antipholus v. S. und sein Dromio, die immer noch nicht begreifen, wie ihnen geschieht, flüchten mit Goldkette und Geld in ein Kloster; ein guter Ort, um alles aufzuklären.

Als beide Zwillinge mit ihren Dienern auf dem Klosterplatz stehen, gelingt es am Ende eines langen, bangen Tages, die Identitäten zu sortieren: Die Äbtissin des Klosters ist Ämilia, die Mutter, und Ägeon – der sofort aus seiner Todeshaft entlassen wird – der Vater der Zwillinge. Sohn Antipholus v. E. bekommt Kette und Gold, Haus und Frau Adriana zurück, Sohn Antipholus v. S. hofft auf ihre Schwester Luciana als Braut. Das könnte eine gute, solide Ehe und Partnerschaft werden.

Zwischen den Zwillingsbrüdern Antipholus ist nach so viel Mühe und Missverständnis von Herzlichkeit wenig zu spüren; merkwürdig. Doch bei einer Wiedervereinigung geht das wohl manchmal so, und selbst unter Zwillingen ist gute Partnerschaft nicht naturgegeben und selbstverständlich.

Die Zwillingsbrüder Dromio hingegen geben ein gutes Beispiel. Statt zu streiten, wer Vorrang habe, beschließen sie:

»Als Bruder und Bruder sah man uns ein in dieses Leben wandern.
Drum lass uns Hand in Hand auch gehn, nicht einer nach dem andern!«

Sie haben sich als ideale Partner gefunden. Dromio v. S., der gedankenvollere, hat sich im anderen selbst entdeckt:

»Mich dünkt, du bist mein Spiegel, nicht mein Bruder.
Ich seh an dir, ich bin ein hübscher Bursch.«

Die gute Partnerschaft ist ihnen zu gönnen. Sie hatten am meisten zu leiden: Durchs ganze Stück wurden sie von ihrem Herrn – oder dem, der sie fälschlich für seinen Diener hielt – beschimpft und verdroschen. Warum so viel Prügel? Weil die Herren keine Worte mehr fanden, um mit ihnen zurechtzukommen. Wo es die Sprache verschlägt, da setzen nicht selten Schläge ein. So auch in unserem Alltag oder in der internationalen Politik: wenn die Kommunikation versagt und hilflose Stärke sich gewalttätig Luft macht.

Romeo und Julia

Eine glückselige Liebe muss doch nicht mit dem Selbstmord der Liebenden enden

Als er »Romeo und Julia« schrieb, hätte Shakespeare nie zu träumen gewagt, dass 400 Jahre später Will Shakespeare den Romeo spielen würde! Und eine schöne Frau – nicht, wie seinerzeit üblich, ein Knabe vorm Stimmbruch – die Julia.

»Shakespeare in Love« hat es möglich gemacht. Der Film kann auch ein Trost für die Liebenden in aller Welt sein. Denn da wird vorgeführt, dass auf die kurze Ekstase einer großen Liebe nicht gleich der Tod der Liebenden von eigener Hand folgen muss. Das Leben, die Liebe – *the show must go on!*

Nach »Shakespeare in Love« müssen wir Romeo und Julia nicht mehr in einer Grabesgruft in Verona suchen; auch nicht als quengeliges Ehepaar mit einer aufmüpfigen Tochter in beengten Wohnverhältnissen, wie Ephraim Kishon sie für seine witzige Komödie »Es war die Lerche« aufspürte. Vielmehr können wir – auch wo Zufälle oder Zwänge die Verbindung fügten – etwas von dem Hymnus der Liebe aufnehmen, den Shakespeare komponierte und der sie unsterblich machte: Romeo, Julia und Shakespeare. Die Liebe, das Leben – *the show may go on!*

Liebe und Tod sind die ewigen Themen großer Literatur. Shakespeare hat diese beiden Brennpunkte der Lebens- und Literaturellipse so nahe zusammengerückt, vom gemeinsamen Liebesgeständnis bis zum gemeinsamen Tod, dass das Geschehen weniger Tage – Werbung, heimliche Trauung, Liebesnacht, Trennung und fatales Wiederfinden in der Grabesgruft – zu einer einzigartigen beseligenden und zugleich beklemmenden Wirkung verdichtet wird. Liebe kompress. Zwei junge Menschen –

Julia wird eben 14 – sind mit ihrer Liebe in den gegenseitigen Hass ihrer Veroneser Familien eingekeilt, der Montagues und der Capulets. Shakespeare lässt die Liebenden aus dem Todesschatten der Geschlechtertürme heraustreten und zeigt, wie sie schon bei der ersten Begegnung und dann immer wieder – taub und blind für die Welt – die Rollen abwerfen, die konventionell für Männer und Frauen vorgeschrieben waren.

Als Romeo aus dem Hause Montague beim Kostümball im Hause Capulet das ihm unbekannte Mädchen sieht, wie magisch gezogen auf sie zugeht, ist es nicht nur Liebe auf den ersten Blick; die beiden finden auch sogleich ihre gemeinsame Sprache. Das Sonett, damals die für Männer reservierte Form der Liebespoesie, sprechen sie im Wechsel – eine Kühnheit für Julia, zumal am Rande einer Gesellschaft, die sich beim Kostümfest amüsiert.

Romeo: »Entweih' ich jetzt mit unwürdigster Hand
Dies Heiligtum, so sündig' ich; dann müssen
Die Lippen mein, zwei Pilger, schamentbrannt
Sühnen den rauen Griff mit zarten Küssen.«

Julia: »Ihr tadelt, lieber Pilger, mehr als billig
Die Hand für ihren andachtsvollen Gruß.
Die Hand der Heiligen gönnt ihn der des Pilgers willig,
Denn Hand an Hand ist frommer Pilger Kuss.«

Romeo: »Doch Heilige haben Lippen! Pilger auch!«

Julia: »Ja, Pilger: Lippen, um damit zu beten.«

Romeo: »Lass Lippen tun der Hände frommen Brauch!
Denn sie verzweifeln sonst; erhöre, was sie flehten.«

Julia: »Erhören dürfen Heilige, nicht sich regen.«

Romeo: »So reg dich nicht, ich nehm mir meinen Segen!
Dein Mund hat meinen aller Sünd' entbunden.«

Julia: »So hat mein Mund dafür der Sünde Fluch?«

Romeo: »Dein Mund und Sünde? Oh du Vorwurf,
süß erfunden!
Die Sünde gib zurück!«

Julia: »Ihr küsst recht nach dem Buch!«

Keiner weiß, wer der andere ist in dieser namenlosen Liebe; doch sie spielen schon mit seinem Namen, wenn sie auf Pilgerfahrt gehen: Romeo heißt Pilger auf Italienisch. Beide sind erschrocken, bestürzt, als sie erfahren: Sie eine Capulet! Er ein Montague!

Später, nachts, als Romeo in den Garten der Capulets geschlichen ist und Julia auf den Balkon tritt, weiß sie, immer im Reflektieren und Handeln stärker als Romeo, schon Abhilfe, als sie – von Romeo heimlich belauscht – sich überlegt:

»O Romeo, Romeo! Warum bist du Romeo!
Verleugne deinen Vater, deinen Namen,
Oder wenn nicht, schwör nur, dass du mich liebst,
Dann will ich keine Capulet mehr sein …
… Romeo, lass den Namen
Und nimm für deinen Namen, der nicht du ist,
Mein ganzes Ich.«

Romeo muss nicht um Julia werben, wie es die Geschlechterrolle vorschrieb. Sie sagt es ihm, als er ihr treue Liebe schwört und für sich zum Trost den Treueschwur ihrer Liebe erbittet:

»Ich gab dir meinen, eh du danach fragtest …«

Julia ist romantisch, künftigem Glück entgegenhoffend:

»Dies ist der Liebe Keim, den Sommerwind
Zur schönen Blume reift, wenn wir beisammen sind.«

Und Julia sieht sachlich-konkret, wie das sein soll:

»… wenn du's ehrlich meinst
Und mich zur Frau willst, schick mir morgen Nachricht
Durch jemand, den ich zu dir schicken will,
Wo denn und wann denn unsre Trauung sein soll …«

Romeo arrangiert die Trauung schon für den nächsten Nachmittag durch den Franziskanermönch Lorenzo, seinen Beichtvater und väterlichen Freund. Doch zwischen Trauung und Hochzeitsnacht wirft der Unstern, unter dem ihre Liebe von Anfang an stand, einen schwarzen Schatten. Das Drama wird zur Tragödie, als Julias Vetter Tybalt Romeos Freund Mercutio im Zweikampf umbringt. Romeo, der nicht mit einem Capulet kämpfen wollte und Mercutios Tod verschuldete, als er zwischen die Kämpfer trat, wird aus dem heiligen Zirkel der Liebe in Clan-Pflichten zurückgeworfen. Er rächt Mercutio. Er tötet Tybalt. Er wird wegen des Verstoßes gegen das Friedensgebot aus Verona verbannt.

Fort aus Verona, fort von Julia? Er will sich umbringen. Bruder Lorenzo – erstaunlich weltoffen für einen Geistlichen – weiß Besseres: erst zu Julia, die um den toten Vetter und den verbannten Gatten weint, zur Hochzeitsnacht; dann nach Mantua.

Romeo folgt dem Rat des Mönchs und dem Ruf seines Herzens: zu Julia, zur Nacht – und sie möchte ihn dann nicht wieder gehen lassen:

»*Willst du schon gehn? Es ist noch gar nicht Tag:*
Es war die Nachtigall und nicht die Lerche;
Die drang dir in dein furchterfülltes Ohr.«

Immer wieder wird Romeo von Furcht geplagt, von Ängsten gehetzt; und es war die Lerche, nicht die Nachtigall. Er ist verbannt. Er muss aus der Stadt. Julia wirkt ruhiger – obwohl die Amme auf der Schwelle des Schlafzimmers steht und ankündigt: Die Mutter kommt!

Julias Part ist schwieriger als Romeos. Während Romeo den Kontakt zum Elternhaus längst gelockert hat und kaum vermisst wird, wenn er eine Nacht ausbleibt, muss sie ihre Eltern hintergehen, um ihn zu empfangen. Er hat sich von seiner Freundin Rosalinde rasch getrennt und ist frei. Sie ist von ihrem Vater dem Grafen Paris als Frau zugesprochen und soll am nächsten Tag getraut werden. Er geht nach Mantua ins Exil. Sie muss zu Bruder Lorenzo, verzweifelt um Rat bitten. Sie muss das Vertrauen und die Kraft haben, den Zaubertrank des Mönches zu trinken, der sie in todesgleichen Schlaf versenken und die Hochzeit mit Paris verhindern soll. Man werde sie in die Gruft der Capulets legen, so der Mönch, dort werde sie wieder zu sich und Romeo zu ihr kommen. Ob das alles so stimmt? Julia zweifelt, zögert – und findet die Kraft:

»Ich komme, Romeo! Dies trink ich dir.«

Julia ist kein Mädchen, das selig in erster Liebe schwelgt und sich vom Schicksal unterkriegen lässt. Die Vierzehnjährige ist eine tapfere junge Frau – kühn und entschlossen in ihrer Liebe zu Romeo.

Mit aller Kraft ihrer Liebe, mit allem, was sie auf sich nahmen – hätten Romeo und Julia eine Chance gehabt, nach der unwiderstehlichen Wahl ihrer Herzen in eine dauerhafte, vernünftige Partnerschaft zu finden? Lorenzo hatte eine Chance gesehen. Als Romeo kam und bat, ihn mit Julia zu trauen, äußerte er seine Hoffnung:

»Ich bin aus einem Grund geneigt, dir beizustehen:
Vielleicht, dass dieser Bund zu großem Glück sich wendet,
Und eurer Häuser Groll durch ihn in Freundschaft endet.«

Die Montagues und die Capulets versöhnen sich tatsächlich – aber erst, als Romeo und Julia tot sind. Und auch Bruder Lorenzo zeigt schon Zweifel am guten Ausgang, als er sieht, wie Romeo davonstürzt und wie er ihn vergeblich mahnt:

»Wise and slow; they stumble that run fast.«

Doch Liebe kompress ist nicht klug und kennt keine Weile. Als er Romeos und Julias Hände zum Ehebund ineinander legt, fürchtet Bruder Lorenzo schon das bittere Ende:

»So wilde Freude nimmt ein wildes Ende,
Und stirbt dann im Triumph, wie Feuer und das Pulver
Im Kusse sich verzehren ...«

Ist es glückselige Maßlosigkeit, Rücksichtslosigkeit gegen gesellschaftliche Konventionen, die das Unheil auf die Liebenden ziehen? Der Unstern war schon im Prolog aufgesteckt, der Selbstmord der »star-crossed lovers« angekündigt. Von Friedrich von Schiller stammt der Satz, mit des Geschickes Mächten sei kein ew'ger Bund zu flechten. Und ist gegen die Macht des Schicksals kein Liebes- und Ehebund, keine Partnerschaft zu halten?

Bruder Lorenzo hat es versucht. Als Romeo nach Mantua ins Exil muss und Julia nach ihrer Liebesnacht mit Romeo zur väterlich verordneten Hochzeit mit Graf Paris antreten soll, hat der Franziskaner ihr seinen Plan entworfen: den Zaubertrank trinken – und wenn sie in der Gruft der Capulets erwacht, werde Romeo zur Stelle sein.

Gut ausgedacht. Doch der Bote, der Romeo den Plan überbringen soll, damit er im richtigen Augenblick seinen Part übernimmt, erreicht ihn nicht. Ein fatales Kommunikationsversagen. Und auf die erste Falschmeldung hin, Julia sei tot, eilt Romeo vorzeitig zurück nach Verona. Er findet Julia in der Gruft – wie tot. Er nimmt Gift. Julia, als sie neben dem Toten erwacht, ersticht sich mit seinem Dolch. Zum fatalen Ende noch ein Rollentausch; denn traditionsgemäß nimmt die Frau Gift, während Männer sich erdolchen.

Kein Zweifel: Trotz ihrer Jugend und trotz ihres Scheiterns gehört Julia zum engsten Kreis von Shakespeares starken Frauen; mit unbeugsamem Willen, mit praktischer Umsicht und mit romantischer Weitsicht. Schon als sie auf ihre erste Liebesnacht mit Romeo wartet, hat sie ihn in die Ewigkeit vorausgedacht:

»Come, gentle night; come, loving, black-brow'd night,
Give me my Romeo: and, when he shall die,
Take him and cut him out in little stars,
And he will make the face of heaven so fine,
That all the world will be in love with night …«

»Komm, milde, liebevolle Nacht! Komm, gib
Mir meinen Romeo! Und stirbt er einst,

Nimm ihn, zerteil in kleine Sterne ihn,
Er wird des Himmels Antlitz verschönen,
Dass alle Welt sich in die Nacht verliebt …«

Ein Märchenbild. Romeo und Julia war es nicht gegeben, »to live happily ever after«, wie es am Schluss englischer Märchen heißt. Doch wendet man die Schlussformel deutscher Märchen nur ein wenig, so kann für die beiden Liebenden gelten: Wenn sie auch gestorben sind, so leben sie doch noch heute!

Immer wieder neu treten Romeo und Julia vor uns hin: als Oper, in Bernsteins Musical »West Side Story« oder in Zeffirellis Film mit einer 14-jährigen Julia, der 1968 die Stimmung der *love and peace*-Jugend einfing. Baz Luhrmann hat 1996 Wolkenkratzer wie Veroneser Geschlechtertürme unentrinnbar zu struktureller Gewalt hochgewuchtet, zwischen denen *The Montague Boys* und *The Capulet Boys* als brachiale Gangs aufeinander prallen. »Ein Film, der zuhaut und den man nicht so einfach wegsteckt«, schrieb ein Kritiker über diese Version mit Leonardo DiCaprio, Claire Danes und Brian Dennehy.

Für »Shakespeare in Love« (acht »Oscars«) haben Marc Norman und Shakespeare-Adept Tom Stoppard »Romeo und Julia« ganz neu aufgemischt; den Autor auch: Will Shakespeare ist Romeo! Zu seiner Zeit hatte Shakespeare nur als Kleindarsteller getaugt, etwa als Adam in »Wie es euch gefällt«. Nun darf Will eine große Liebe mit Julia auskosten: in Glück und Ängsten, im Bett und auf der Bühne – bis zur bitteren Neige. Zu Beginn des neuen Jahrtausends prägte dieser Film ein ganz neues Bild von Romeo, Julia und Shakespeare. Dieser Shakespeare sei nun ihr Shakespeare, berichten amerikanische Professoren von ihren Studenten und Studentinnen; sonst wollten sie, was schade wäre, gar keine Shakespeare-Stücke mehr sehen.

In diesem Film hatte er eine Schreibblockade und suchte eine Muse. Sie hatte einen Theatertick und suchte eine Rolle. So fanden sie sich. Als es vorüber ist, greift sie, Viola de Lesseps, nicht zum Dolch, und er nimmt kein

Gift, um sich umzubringen. Er (Joseph Fiennes) greift zur Gänsekielfeder und schreibt mit frischem Schwung »Wie es euch gefällt« – ein Komödie um eine Viola, die an einem fernen, fremden Land angespült wird und wacker ihren Weg geht. Sie (Gwyneth Paltrow) geht pflichtgemäß mit ihrem Gatten, Lord Wessex, nach Amerika, in ein fernes, fremdes Land; mit einer letzten Bitte an ihren Dichter:

»Write me well.«

Das hat Shakespeare wirklich getan. Die Komödie, die er um Viola schrieb, über Variationen der Liebe mit tragikomischen Effekten, ist bester Shakespeare.

Die Wette gilt: Wenn Shakespeare den Film sehen könnte, würde er maßlos staunen. Und applaudieren. Denn wie Norman und Stoppard im Drehbuch den Barden mit sich selbst und mit seinen Stücken und Sonetten in die Zeit von Elisabeth I. verwoben haben, wie sie den Meister des Sein-und-Schein-Geschehens für unsere virtuelle Zeit neu vorführen – das ist auch bester Shakespeare! Und die Liebenden bekommen kein Hollywood-Happy-End, sondern als Lebensabschnittgefährten – Freilauf.

Der Widerspenstigen Zähmung

Statt Mannes Fuß auf ihre Hand zu setzen, sollt' frau sich nicht ein Messer wetzen?

Wer Shakespeare als liberalem Reformer und frühem Feministen huldigen möchte – es gibt einigen Grund dafür –, dem kommt ein Stück seiner dramatischen Dichtung besonders bitter quer: die »Unterwerfungsrede« *(submission speech)*, mit der Katharina zum Abschluss von »Der Widerspenstigen Zähmung« alle Frauen anweist, wie sie sich gegenüber ihren Ehemännern verhalten sollten:

»Dein Ehemann ist dein Herr, ist dein Erhalter,
Dein Licht, dein Haupt, dein Fürst, er sorgt für dich
Und deinen Unterhalt, gibt seinen Leib
Mühsel'ger Arbeit preis zu Land und Meer.
Wacht Nächte durch in Sturm und Tag' in Kälte,
Wenn du im Hause warm und sicher ruhst;
Und fordert zum Ersatz nicht andern Lohn
Als Liebe, freundlich Blicken und Gehorsam:
Zu kleine Zahlung für so große Schuld.
Denn was der Untertan dem Fürsten schuldet,
Gehorsam, schuldet auch die Frau dem Gatten.
Und ist sie trotzend, launisch, trüb und bitter,
Unfolgsam seinem billigen Gebot,
Was ist sie als ein tückischer Rebell,
Sünd'ger Verräter an dem lieben Herrn?
Wie schäm ich mich, dass Fraun so albern sind!
Sie künden Krieg und sollten knien um Frieden!
O, dass sie herrschen, lenken, trotzen wollen,
Wo sie nur schweigen, lieben, dienen sollen!
Weshalb ist unser Leib zart, sanft und weich,
Kraftlos für Müh' und Ungemach der Welt,
Als dass ein weiches Herz, ein sanft Gemüte

Als zarter Gast die zarte Wohnung hüte?
Oh kommt, ihr eigensinn'gen schwachen Würmer!
Mein Sinn war hart wie einer nur der euern,
Mein Herz so groß, mein Grund vielleicht noch besser,
Um Wort mit Wort, um Zorn mit Zorn zu schlagen: –
Jetzt seh ich's, unsre Lanzen sind nur Stroh,
Gleich schwach wir selbst, schwach wie ein hilflos Kind,
Scheinen wir nur, war wir am mind'sten sind.
Drum dämpft den Trotz, beugt euch dem Mann entgegen,
Ihm unter seinen Fuß die Hand zu legen: –
Wenn er's befiehlt, zum Zeichen meiner Pflicht,
Verweigert meine Hand den Dienst ihm nicht.«

Was hat Shakespeare dieser Frau da nur in den Mund gelegt?! Zwar hat Katharina mit ihrem ehelichen Gehorsam für ihren Mann Petruchio bei seiner Wette einen Batzen Geld gewonnen, weil sie, als er sie rufen ließ, sofort kam, während Hortensios und Lucentios frisch angetraute Frauen ihre Männer vergeblich warten ließen – aber muss Katharina den Sieg mit einem solchen Machismo-Manifest feiern? Heißt das die Partnerschaft mit Petruchio so unterwürfig besiegeln?

Petruchio hatte die störrische Frau schlimm in die Mangel genommen. Eine Tortur. Man sollte erwarten, dass sie ihr Messer gegen ihn wetzen, ihm zumindest die Zähne zeigen würde. Er hat sie am Hochzeitstag weit über Gebühr warten lassen. Dann kam er in einem verrückten Aufzug, schäbig gekleidet angeritten und riss sie aus der Hochzeitsgesellschaft weg. Bei sich daheim ließ er ihr gutes Essen und Trinken vorsetzen, ließ schöne Kleider und Schmuck vorlegen – und alles wurde weggerissen, bevor sie zugreifen konnte. Eine Psychofolter. Schließlich ist sie mürbe. Sie nennt die Sonne den Mond und einen alten Herrn ein junges Mädchen – ganz wie es Petruchio gefällt.

War das Sadismus? Masochismus? Schreit diese Affäre nicht nach Psychologen, Analysten, Psychiatern? Sie würden ihre Analyse wohl nicht erst nach der Hochzeit, sondern früher ansetzen: als Katharina noch mit ihrer jüngeren Schwester Bianca bei ihrem Vater Battista in Padua lebte. Diese beiden – auch ihre eigenen Freier und überhaupt jedermann – hat Katharina damals mit ihrer Widerborstigkeit zur Verzweiflung gebracht; und Bianca konnte nicht heiraten, weil nach Vaters Willen erst Katharina unter die Haube musste. Warum war Katharina so widerspenstig? Was fehlte ihr, was war verfehlt worden?

Der Edelmann Battista führt in Padua ein großes Haus. Von seiner Frau ist nie die Rede. War er lange ein allein erziehender Vater? Musste Katharina als ältere Schwester von klein auf den Haushalt führen, in die Asche steigen, ein Aschenputtel – das dann anfing, mit Asche zu schmeißen? Oder was sonst ist geschehen, dass sie sich hässlich fühlte und jedermann hässlich begegnete? Auf Bianca ist sie wütend eifersüchtig, wirft dem Vater vor, Bianca sei sein Kleinod, das man vermählen müsse und:

»Ich muss auf ihrer Hochzeit barfuß tanzen …«

Wie so oft, auch bei König Lears mutterlosen Töchtern, schweigt sich Shakespeare über die Vorgeschichte aus. Er stellt die Widerborstige vor und lässt den Edelmann Petruchio aus Verona erscheinen, der die widerborstige Herausforderung annimmt; wohl nicht nur der Mitgift wegen. Er antwortet zärtlich auf ihr Gekeife. Er preist ihre Schönheit – bis die Hochzeit arrangiert ist und er sie in die Kur nehmen kann; so gewaltsam, wie man früher mit Verrückten umging – bis sie sich seinen Verrücktheiten fügt.

Bricht sie zusammen oder bricht in ihr etwas auf – ein widerborstiger Panzer? Sie wandelt sich, wird verwandelt – nicht die einzige von Shakespeares Gestalten, denen das widerfährt. Sie zeigt sich willig, sehr willig. Da möchte man nur wünschen, dass sie Petruchio auch für Verrücktheiten gewänne, die sie sich ausdenkt: dass sie ihm Heu auf den Teller häuft und sagt, es sei Kaviar; oder dass sie tags alle Lampen ansteckt, um die Dunkelheit zu vertreiben. Doch das traut sie sich nicht. Noch nicht; es wäre *the proof of the pudding,* Beweis und Siegel einer ungewöhnlichen Partnerschaft.

Ihre Schwester Bianca ist anpassungsfähiger und geschickter. Zwei unliebsame Freier, die sich wie bei einer Auktion überbieten, um sie zu gewinnen, lässt sie leer laufen. Sie angelt sich den Mann, den sie haben möchte: den jungen Lucentio. Einer der Freier, Hortensio, tröstet sich mit einer Witwe. Und dann sitzen, als genug intrigiert ist, drei Paare zusammengefügt sind und kräftig gefeiert wurde, Petruchio, Lucentio und Hortensio beisammen und wetten einen Batzen Geld: Welche ihrer Frauen kommt am schnellsten, wenn man sie rufen lässt? Zur Überraschung von Petruchios Wettpartnern kommt Katharina, folgsam und schnell. Die beiden anderen Frauen bleiben weg. Petruchio, der Sieger, erklärt:

»Drei sind vermählt, doch zwei nur schlecht …«

Wer will das wirklich wissen? Partnerwahl kann eine Qual sein. Petruchio hat daraus eine Quälerei für Katharina gemacht. Die beiden anderen ehelichen Partnerschaften wirken konventionell. Sie könnten langweilig werden – die Ehe von Petruchio und Katharina gewiss nicht. Es könnte eine interessante, etwas verrückte Ehe werden – und solide im Gleichklang, wenn Petruchio nach der Wette die Partnerschaft öffentlich annimmt: Er sollte Katharina den Wettgewinn zu Füßen legen!

Shakespeares Verzicht auf Regieanweisungen gibt Regisseuren und Regisseurinnen für solche Einfälle genug Spielraum. Shakespeare-Forscherin Juliet Dusinberre erinnert sich, dass sie 1972 in Harvard zum ersten Mal in einem Studententheater erlebte, wie Katharina ihre »Unterwerfungsrede« rein ironisch hielt – und Petruchio ihr den Wettgewinn überreichte.

Doch ein Stachel bleibt. Juliet Dusinberre war in den frühen 70er-Jahren mit dem Kampfruf »Shakespeare, der Feminist!« angetreten, um Frauen – mit ihren Verbündeten, wie dem Barden – gesellschaftlich besseres Gehör zu verschaffen. Kann sie verhindern, dass ihr Shakespeare durch die »Unterwerfungsrede« in Verruf kommt? Lässt er sich irgendwie rechtfertigen? Ist der Makel zu tilgen?

Die engagierte Shakespearianerin verweist darauf, dass Petruchio und Katharina nur Extrempositionen der Geschlechter vorspielen; dass Sein und Schein der Geschlechterrollen und Verwandlungen immer Shakespeares Sache ist; dass »Der Widerspenstigen Zähmung« von ihm so angelegt ist, dass das Stück einem trunkenen Kesselflicker vorgespielt wird, dem man als Rahmenhandlung vortäuscht, er sei ein Lord – eben alles nur ein Spiel. Schließlich bringt Dusinberre eine These, die in Shakespeares Zeit und in damalige puritanische Vorstellungen passt: »Kates Unterwerfung gibt ihr Macht über Petruchio … Petruchio kann die Rolle des Lords nur insofern spielen, als Kate mit dem Spiel einverstanden ist.«[14]

Damit könnte man Katharinas Hand unter Petruchios Fuß plötzlich in einem ganz anderen Licht sehen: Sie hat sein Fortkommen wortwörtlich in der Hand! Sie muss kein Messer wetzen. Sie muss nicht Zähne oder Zunge zeigen. Sie müsste nur an seinem Fuß fest zupacken, kräftig ziehen, vielleicht ein bisschen kitzeln – dann erkennt jeder, wie unsicher sein Stand ist und wie es um die Beziehung der beiden im Innenverhältnis steht.

Lady Killer's Rüge

»Deine Festigkeit verließ dich ganz und gar.«

Macbeth
Ladys mit Hang zum Mord überschätzen oft ihre Nervenstärke

Als es kurzzeitig Mode war, dass Menschen beiderlei Geschlechts sich mit fast allen ihren Lebensäußerungen in Containern dem Fernsehpublikum zur Schau stellten, brachte es ein gewisser Sladko mit seiner glaubwürdigen Versicherung, er habe noch nie etwas von Shakespeare gehört, zu einiger Bekanntheit. Ein Unikum!? Danach kam »Sladdi's Shakesbier« in den Handel.

Shakespeare überall. Auf Partys oberhalb des Containerniveaus lässt sich das übliche Gespräch über Benzinpreise, Arzttermine und das Wetter auf Mallorca immer gut durch die Frage auflockern: »Was halten Sie von Shakespeares Frauen? Welche gefällt Ihnen aus seinen Theaterstücken?«

Auf solche Fragen, welche Frauen man kennt, wird neben Romeos Julia am häufigsten Lady Macbeth genannt. Eine markante Frau. Wie sie erst mit zwei blutigen Dolchen, später in Nachthemd und Wahnsinn auf der Bühne steht – das prägt sich ein. Überdies steht sie in dem Ruf, ihren Mann ehrgeizig in eine ruinöse Karriere getrieben zu haben; ein Vorwurf, den auch heute noch manche Männer, die es gern ruhiger angehen ließen und öfters angeln gehen möchten, gegen ihre Frauen hegen. Mancher kennt die Macbeths aus Verdis Oper, aus Verfilmungen. Man erinnert sie als Schreckenspartner: Erst stachelt sie ihn zum Mord an König Duncan an, dann zieht er die Blutspur bis zum bitteren Ende. Wenn seine Frau ihn zum Königsmord trieb – was trieb sie? Machthunger? Ehrgeiz? Es scheint, als habe sie sich, der Welt und vor allem ihrem Mann – diesem Schwächling! – zeigen wollen, wozu eine Frau fähig ist: wenn sie mit hexenhafter Gewissenlosigkeit und quasimännlicher Brutalität das Gesetz des Handelns an sich reißt.

Der historische Macbeth war weniger tyrannisch, als Shakespeare ihn auf die Bühne stellt. Der historische König Duncan war ein nicht so guter Herrscher über Schottland wie in Shakespeares Tragödie. Ein Dramatiker muss die Charaktere schärfer prägen. Und nicht nur die Charaktere werden verändert. In seinem Drama lässt Shakespeare zudem die Grenze zwischen Realität und Illusion in einer Weise verschwimmen, wie wir es erst heute – 400 Jahre später – durch den Einbruch von Virtualitäten in unsere Welt ständig erleben: dass Dinge und Ereignisse, die nicht tatsächlich existent sind, so wirken, als wären sie es.

Als Erstes treten die Hexen auf. Gibt es sie wirklich oder sind es Phantasiegebilde Macbeths und seines Kriegsgefährten Banquo? Die Hexen verkünden den beiden ihre Zukunft: Macbeth den Aufstieg bis zum schottischen Königsthron. Und mit ihrem Spruch

Fair is foul and foul is fair

verquirlen die Hexen die moralische Grundordnung zu einem undurchsichtigen Brei. Es ist nicht einfach, den Hexenspruch treffend zu übersetzen. Aber jeder, der etwas vom Sport oder auch nur vom Umgang der Menschen miteinander versteht, weiß genau, wie es durcheinander und moralisch abwärts geht, wenn Fairness als Foul angesehen wird und Fouls für Fairness gelten.

Als Macbeth später nochmals die Hexen besuchen geht, nach seinem Königsmord auf der Suche nach mehr Sicherheit für sich und seinen Thron, verkünden ihm die *Weird Sisters,* er müsse nichts fürchten, bis der Wald auf seine Burg losmarschiert und einer ihn zum Kampf stellt, der nicht vom Weibe geboren wurde. Da glaubt Macbeth sich völlig sicher – zu Unrecht.

Eines Tages meint er, den Wald gegen seine Burg marschieren zu sehen. Tatsächlich haben englische Soldaten beim Vormarsch zur Tarnung und Verwirrung des Gegners Zweige aufgenommen. Doch für Macbeth ist der marschierende Wald eine virtuelle Realität, mit der sich der Hexenspruch erfüllt. Als ihn dann sein erbitterter Gegner Macduff zum Zweikampf stellt und erklärt, er sei vorzeitig durch Kaiserschnitt zur Welt gekommen, also nicht eigentlich vom Weibe geboren worden, gibt sich Macbeth verloren.

Er wird erschlagen. Wenn zwei Hexensprüche, die völlige Sicherheit zu verbürgen schienen, sich in dieser Weise gegen einen kampferprobten Krieger kehren, muss es wie eine Lähmung wirken.

Kurz vor seinem letzten Kampf war Macbeth der Tod von Lady Macbeth gemeldet worden; ein Tod im quälenden Wahn nach all dem blutigen Geschehen. Macbeths anschließende Betrachtung von Leben und Tod gehört zum Kernbestand der Shakespeare-Zitate:

»Life's but a walking shadow; a poor player,
That struts and frets his hour upon the stage,
And then is heard no more: it is a tale
Told by an idiot, full of sound and fury,
Signifying nothing.«

»Leben ist nur ein wandelnd Schattenbild:
Ein armer Komödiant, der spreizt und knirscht
Sein Stündchen auf der Bühn und dann nicht mehr
Vernommen wird. Ein Märchen ist's, erzählt
Von einem Dummkopf, voller Klang und Wut,
Das nichts bedeutet.«

Die Macbeths sind ein merkwürdiges Paar, das sich durchaus ergänzt hat: Erst hat er einen Karriereplan, auch eine Zusicherung von scheinbar glaubwürdiger Seite, den Hexen, zögert aber mit der Ausführung. Da drängt und schiebt sie ihn, bis er aktiv wird. Dann sieht er Phantasiegebilde, verschreckt seine Freunde, scheint nicht mehr voll zurechnungsfähig – und sie sucht das nach besten Kräften zu vertuschen. Schließlich geben ihre Nerven nach, sie findet keine Ruhe mehr – aber er hat wieder Haltung gewonnen und steht die Affäre durch bis zum Ende.

Kein schlechtes Team – wenn es nicht um eine schlechte Sache ginge: um Mord und nochmals Mord; und wenn

Lady Macbeth, um ihn zum Königsmord zu zwingen, nicht ihre Weiblichkeit abwerfen – »Entweibt mich«, schreit sie den bösen Geistern zu – und ihn in unausstehlicher Weise nötigen würde.

Als der Augenblick zur Mordtat gekommen ist, will er nicht mehr:

»Wir wollen nicht weitergehn in dieser Sache …«

Das nimmt sie ihm nicht ab. Er habe es sich vorgenommen, also müsse er es tun – sonst kann sie ihn nicht mehr als Mann ansehen, nur als Memme:

»Bist du zu feige,
Derselbe Mann zu sein in Tat und Mut,
Der du in Wünschen bist …
Als du es wagtest, da warst du ein Mann;
Und mehr sein, als du warst, das machte dich
Nur umso mehr zum Mann … Ich hab gesäugt und weiß,
Wie süß das Kind zu lieben, das ich tränke.
Ich hätt, indem es mir entgegenlächelte,
Die Brust gerissen aus den weichen Kiefern
Und ihm den Kopf geschmettert an die Wand,
Hätt ich's geschworen, wie du dieses schwurst.«

Vor dieser tödlichen Entschlossenheit kapitulierte er.

Eine starke Frau? Eine Lady mit einem starken Willen, mit einer starken Sprache, zur Brutalität gesteigert. Sie ist auch umsichtig und geschickt. Als Macbeth den König ermordet hat und die blutigen Dolche mitbringt, statt sie bei Duncans Gefährten liegen zu lassen, um diese in Verdacht zu bringen, nimmt Lady Macbeth ihm die Mordwerkzeuge ab und trägt sie zum Tatort zurück.

Doch auf die Dauer kann sie nicht ertragen, was sie und ihr Mann getan haben. Sie hat ihre Nerven nicht mehr unter Kontrolle. Sie schlafwandelt. Sie redet im Schlaf. Sie wringt ihre Hände, wie um sich das Blut abzuwaschen. Sie hat ihre Willensstärke zum Bösen überschätzt, die Stärke ihres Gewissens unterschätzt. Niemand kann ihr mehr helfen. Sie hat sich aufgerieben.

König Heinrich V.

Wie Prinzessin Katharina Englisch lernt und als Witwe eine Dynastie gründet

Was tut eine französische Königstochter, wenn der englische Feind im Lande steht? Sie lernt Englisch. Das kann nie schaden. Ihr Bruder, der Kronprinz, und seine kampfeslüsternen Freunde sind überzeugt, dass sie mit ihrer glanzvollen Armee die englischen Soldaten um König Heinrich V. niederreiten und kurzerhand erledigen werden; doch in einem Krieg, jetzt anno 1415, im Hundertjährigen Krieg zwischen England und Frankreich, weiß man nie sicher, was kommt.

Also lässt Prinzessin Katharina sich von ihrer Hofdame Alice, die einmal in England war, in die fremde Sprache einführen. In Shakespeares Drama »König Heinrich V.« unterbricht die heitere Lektion den Kriegslärm und das Blutvergießen. Doch Englisch ist mühsam. Die Prinzessin stöhnt, doch sie gibt nicht auf:

»Je réciterai une autre fois ma leçon ensemble: de hand, de fingers, de nails, de arm, de elbow, de neck, de sin, de foot, de coun.«

»Ich will noch einmal meine ganze Lektion wiederholen: de hand, de fingers, de nails, de arm, de elbow, de neck, de sin (chin), de foot, de coun (gown).«

Alice:
»Excellent, madame!«

»Ausgezeichnet, gnädiges Fräulein!«

Dann kommt der Tag, an dem sie nutzen kann, was sie gelernt hat. König Heinrich V. ist da. Er hat bei Agincourt mit seinen müden, maroden Soldaten das französische Reiterheer besiegt. Dieser Sieg gilt den Briten als ewiges

Ruhmesblatt. Als Sieger von Agincourt diktiert Heinrich V. erst dem französischen König Karl in Troyes seinen Frieden, dann wirbt er um dessen Tochter Katharina. Das fällt dem rauen Kriegsmann schwer. Vor Agincourt hat er sein müdes Heer mit einer großartigen Rede angefeuert. Zärtliche Worte gehen ihm schwer von der Zunge; zumal auf Französisch. Doch Heinrich versucht es tapfer.

König Heinrich: »Nun schöne Katharina! Allerschönste!
Geruht Ihr, einen Krieger zu belehren,
Was Eingang findet in der Frauen Ohr
Und seiner Lieb ihr sanftes Herz gewinnt?«

Katharina: »Euer Majestät wird über mich spotten; ich kann Euer England nicht sprechen.«

König Heinrich: »O schöne Katharina, wenn Ihr mich kräftig mit Eurem französischen Herzen lieben wollt, so werde ich froh sein, es Euch mit Eurer englischen Zunge gebrochen bekennen zu hören. Bist du mir gut, Käthchen?«

Katharina: »Pardonnez-moi – ich nicht verstehen, was ist ›mir gut‹?«

König Heinrich: »Die Engel sind dir gut, Käthchen, denn du bist so gut und schön wie ein Engel.«

Katharina: »Que dit-il? Que je suis semblable aux anges?«

»Was sagt er? Dass ich den Engeln gleich bin?«

Alice: »Oui, vraiment, sauf votre grâce, ainsi dit-il.«

»Ja, wirklich, mit Verlaub, Euer Gnaden,
so sagt er.«

König Heinrich: »Ja, das sagte ich, schöne Katharina, und ich darf nicht erröten, es zu wiederholen!«

Katharina: »O bon Dieu, les langues des hommes sont pleines de tromperies!«

»O lieber Gott! Die Zungen der Männer sind voll Betrugs!«

König Heinrich: »Was sagt sie, mein Kind? Dass die Zungen der Männer voller Betrug sind?«

Ein schwieriger Dialog; bis dem König der Geduldsfaden reißt:

»Pfui über mein falsches Französisch! Bei meiner Ehre, auf echt Englisch, ich liebe dich, Käthchen! Ich wage es nicht, bei dieser Ehre zu schwören, dass du mich liebst, jedoch fängt mein Blut an, mir zu schmeicheln, dass du es tust, wiewohl mein Gesicht einen so herben und uneinnehmenden Eindruck macht. Verwünscht sei der Ehrgeiz meines Vaters! Er dachte an Bürgerkrieg, als er mich erzeugte: Deswegen kam ich mit einer starren Außenseite auf die Welt, mit einer eisernen Gestalt, sodass ich die Frauen erschrecke, wenn ich komme, um sie zu werben. Aber auf Glauben, Käthchen: Je älter ich werde, je besser werde ich mich ausnehmen! Also, Königin der Welt, Katharina, brich dein Stillschweigen in gebroch'nem Englisch: Willst du mich haben?«

Katharina: »Das ist zu sagen, wie es gefallen wird die roi mon père.«

König Heinrich: »Ei, es wird ihm wohl gefallen, Käthchen; es soll ihm gefallen, Käthchen!«

Katharina: »Dann bin ich es auch zufrieden!«

Eine heitere, erfolgreiche Brautschau? Nicht jedermann ist damit glücklich und zufrieden. Im Gegenteil! Zwei gestandene Feministinnen unter den Shakespearianern, Jean E. Howard und Phyllis Rackin, beklagen bitter, dass hier zum ersten Mal in Shakespeares Historienstücken männliche Autorität auf moderne Weise vorgeführt werde: durch des Helden sexuelle Eroberung einer begehrenswerten Frau; und sie meinen, dass die männliche heterosexuelle Dominanz ihren modernen Status als »natürliche« Basis für maskuline Autorität erreiche.[15]

Die Werbeszene, die viele Zuschauer und Kritiker als Bestätigung von Heinrichs Humanität sehen, lässt sich eben auch anders lesen. Nach feministischer Lesart wird Katharina als Objekt für erotische Wünsche und zur theatralischen Schaustellung auf die Bühne gebracht; durch ihre Heirat mit Heinrich V. werde die ganze französische Nation wie eine Frau vereinnahmt, während Shakespeare den französischen Kronprinzen durch exzessive Liebe zu seinem Pferd feminisiere, um seinen Anspruch auf den Thron zu erschüttern.

Dieser Interpretation wird nicht jedermann zustimmen, zumal die Personifizierung von Nationen als (starke) Männer und (schwache) Frauen nicht selten merkwürdige Formen annimmt; bis heute. So erscheint Frankreich aus aktueller deutscher Sicht als Frau, oft sichtbar in politischen Karikaturen: Marianne – von der Deutschland, der männliche Hans, Anschmiegsamkeit erwarten möchte; für Franzosen hingegen ist Deutschland die Frau der Paarung, der man gelegentlich grob kommen muss, damit sie gefügig wird. Derartige Klischees, die viele Menschen unbewusst in sich tragen, können das Miteinander psychologisch und praktisch erheblich erschweren.

Heinrich V. ist der einzige englische König, der von Shakespeare in seinen Historienstücken weit über die historischen Quellen hinaus zum Idealherrscher erhoben wird; andere Gestalten – wie Richard III. oder Macbeth – hat er schwärzer gezeichnet, als er sie in den historischen Vorlagen fand. So ist es verständlich, dass die Feministinnen Howard und Rackin diesen König gegen den idealen Heroenstrich bürsten. Sie beklagen auch allgemein, wie Männer sich bei Shakespeare auf den Schlachtfeldern blutig austoben, von denen Frauen ausgesperrt sind; wie Heinrich V. vor Harfleur mit Vergewaltigung der Frauen in der Stadt droht, wenn sie sich nicht sofort ergibt und er seine Soldaten nicht mehr unter Kontrolle halten kann. Selbst wenn es nur Kriegspropaganda war, passt das tatsächlich schlecht zum Idealbild des Königs.

Aber hätte Shakespeare keine Schlachtszenen schreiben sollen? Die Schlachten sind Geschichte; und würde man sie heute streichen, brächen einige von Shakespeares Dramen in sich zusammen. Nicht selten lässt er doch auch Boten von den Schlachten nur berichten und Staatsgeschäfte voller konkurrierender Interessen und abgefeimter Intrigen füllen viele Szenen; auch mit Frauen als Mitwirkende.

Vielleicht hätte Shakespeare ein Stück schreiben sollen, wie es mit Heinrich V. und Katharina weiterging; oder ein anderer Autor könnte es tun, unter Berücksichtigung feministischer Perspektiven. Der dramatische Stoff ist vorhanden – besonders aus der Zeit nach dem Tod von Heinrich V., als die »French Kate« für eine berühmte Dynastie sorgte, unter der England zur Weltmacht wurde.

Die Ehe von Heinrich V. und Katharina währte sieben Jahre. 1422 stirbt der König. Er ist erst 34. Er hinterlässt einen Sohn, der als Heinrich VI. gekrönt wird. In seiner Grabstätte in der Westminster Abbey ist Heinrich V. allein, während neben seinen beiden Vorgängern ihre Frauen ruhen. Es scheint, dass Heinrich V. keine Weisung gegeben hatte, seine einstmalige »Königin der Welt« neben ihm zu bestatten.

Drei Jahre nach seinem Tod heiratet die Witwe wieder: Owen Tudor, einen Mann aus altem walisischem Geschlecht, der ihr als Kammerherr diente. Die – skandalöse – Verbindung wird geheim gehalten und nach Katharinas Tod 1437 für illegal erklärt. Owen Tudor kommt ins Gefängnis. Er flüchtet, wird eingefangen, schließlich begnadigt. In den »Rosenkriegen« setzt er auf das Haus Lancaster. Doch die Yorkisten gewinnen die Oberhand. Owen Tudor wird 1461 hingerichtet.

Warum wohl haben Shakespeare oder Marlowe kein Drama »Owen Tudor« geschrieben; oder »Die Irrwege des Kammerherrn«?

Katharina wird in der Lady Chapel der Westminster Abbey beigesetzt. Als die Kapelle abgerissen wird, legt man sie in einen Sarg mit losen Brettern neben das Grab von Heinrich V. Ausgewählte Besucher dürfen sie besichtigen. Samuel Pepys, der als Londoner Chronist berühmt wurde, notiert am 23. Februar 1669 in seinem Tagebuch: »Durch besondere Gunst sahen wir hier den Körper der Katharina von Valois und ich hatte den oberen Teil ihres Körpers in meinen Händen. Und ich küsste ihren Mund und bedachte, dass ich eine Königin küsste und dass dies mein Geburtstag war, 36 Jahre alt, und dass ich zum ersten Mal eine Königin küsste.«[16]

Welch schaurig-romantische Szene!

Dem Mann, der sie küsste, als sie noch lebte, Owen Tudor, gebar sie zwei Söhne: Jasper und Edmund; Bastarde, weil die Ehe illegal war. Doch die beiden Jungen hatten mehr Glück als ihr Vater – in einer Zeit, als in englischen Königs- und Adelshäusern viel gemordet wurde. Ihr Halbbruder König Heinrich VI. war nett zu ihnen: Er machte Jasper zum Grafen von Pembroke, Edmund zum Grafen von Richmond.

Dieses anrührende Stück Familiengeschichte hat Shakespeare leider ausgelassen. Doch als Edmunds Frau Margaret nach dessen Tod seinen Sohn Heinrich Tudor, Graf von Richmond, zur Welt gebracht hatte und dieser alt genug war, am 1. August 1485 von Harfleur – immer wieder Harfleur! – mit einer Streitmacht gen England zu segeln, nimmt Shakespeare den familiären Faden wieder auf: Denn am 22. August 1485 besiegt dieser Heinrich Tudor den englischen König Richard III. in der Schlacht von Bosworth Field – nach einer Schreckensnacht, in der Shakespeare seinem grausamen Krüppelkönig die Geister seiner Mordopfer in die Albträume hetzte und so seine Kampfkraft lähmte; in der Schlacht bietet Richard noch seinen berüchtigten Handel an: »Ein Pferd! Ein Pferd! Mein Königreich für ein Pferd.« Er findet keinen Partner mehr. Seine Zeit ist um.

Die verheerenden »Rosenkriege« der englischen Adelshäuser sind zu Ende; das Mittelalter läuft aus.

Shakespeare gibt dem Tudor-Grafen als künftigem König Heinrich VII. in seinem Drama »König Richard III.« für eine Zukunftslosung das letzte Wort:

»Getilgt ist Zwist, gestreut des Friedens Samen:
Dass er hier lange blühe, Gott, sprich Amen.«

Von 1485 bis 1603 regiert die Tudor-Dynastie England. Die lange Herrschaft (1558–1603) von Königin Elisabeth I., einer Ururenkelin der Katharina von Valois, ist Abschluss und Höhepunkt dieser Epoche. Damals wurden die ersten Pfosten eines britischen Kolonialreichs eingeschlagen, als die spanische Armada zerschlagen war. Damals feierte Shakespeare in »Heinrich VIII.« die Geburt seiner Königin Elisabeth. Fachwerkhäuser aus der Tudor-Zeit sieht man heute noch in England; auch Möbel: echt für teures Geld zu kaufen, preiswerter, wenn sie nur im Tudor-Stil sind.

Wer denkt bei den Möbel- und Shakespeare-Stücken noch an den walisischen Kammerherrn, mit dem sich König Heinrichs Katharina als Witwe verband? Eine eheliche Partnerschaft von historischer Bedeutung; denn durch sie entstand die Dynastie, unter der England friedlich, glücklich und wohlhabend wurde, während Owen Tudor selbst so unglücklich und unrühmlich endete.

Shakespeare-Rätsel

Shakespeares Leben

1564 vermutlich am 23.4. geboren, Taufe am 26.4. im Kirchenregister von Stratford registriert; drittes Kind der acht Kinder von John und Mary Shakespeare (geb. Arden)

1582 am 30.11. oder 1.12. Heirat mit Anne Hathaway, Tochter eines Grundbesitzers in Shottery, nahe Stratford; Sondergenehmigung für einmalige statt dreimaliger Lesung des Aufgebots. Rätselraten um Heiratslizenz für »Willelmum Shaxpere et Annam Whateley« am 28.11. und Bürgschaft für »William Shagpere and Anna Hathwey« am 29.11.

1583 am 26.5. Tochter Susanne getauft

1585 am 26.2. Zwillinge Hamnet und Judith getauft

1592 nach sieben »lost years« erste namentliche Erwähnung Shakespeares in London in bitterkritischem Pamphlet des Dramatikers Robert Greene: als einer, der sich mit fremden Federn schmückt

1595 Shakespeare als Mitglied der Schauspielertruppe »Lord Chamberlain's Men« dokumentiert (bereits 1593/94 Versepen »Venus und Adonis« und »Schändung der Lucretia« unter seinem Namen dem Grafen von Southampton gewidmet; hohe Auflagen)

1596 Shakespeare gerichtsamtlich in London bzw. Surrey nachgewiesen – 11.8. Begräbnis des Sohnes Hamnet – 20.10. Wappen für »Shakespeare, gentleman«

1597 Erwerb von New Place, zweitgrößtes Haus in Stratford, erster nachgewiesener Wohnsitz am Geburtsort

1598 Shakespeare als Darsteller in Stücken von Ben Jonson dokumentiert, seinerzeit berühmter als Shakespeare; Nachweis von Geldgeschäften

1602 nachgewiesene Grund- und Bodengeschäfte in steigendem Umfang in Stratford sowie in London

1604 Shakespeare als Untermieter nahe St. Paul's, London

1607 am 5.6. Heirat der Tochter Susanne mit John Hall

1615 vermutlich letzter Besuch in London

1616 im Februar Hochzeit der Tochter Judith mit Thomas Quiney – Tod Shakespeares am 23. April, seinem 52. Geburtstag; am 26.4. in der Holy Trinity Church in Stratford begraben; unterschriebenes Testament, in dem auch Schauspielerkollegen bedacht werden

Shakespeares Dramen

The Two Gentlemen of Verona (1590/91) – *Die beiden Veroneser*
The Taming of the Shrew (1590/91) – *Der Widerspenstigen Zähmung*
Henry VI, Part II (1591) – *König Heinrich VI., Teil II*
Henry VI, Part III (1591)– *König Heinrich VI., Teil III*
Henry VI, Part I (1592)– *König Heinrich VI., Teil I*
Titus Andronicus (1592) – *Titus Andronicus*
Richard III (1592/93) – *König Richard III.*
The Comedy of Errors (1594) – *Komödie der Irrungen*
Love's Labour's Lost (1594/95) – *Liebes Leid und Lust*
Richard II (1595) – *König Richard II.*
Romeo and Juliet (1595) – *Romeo und Julia*
A Midsummer Night's Dream (1595) – *Ein Sommernachtstraum*
King John (1596) – *König Johann*
The Merchant of Venice (1596/97) – *Der Kaufmann von Venedig*
Henry IV, Part I (1596/97) – *König Heinrich IV., Teil I*
The Merry Wives of Windsor (1597/98) – *Die lustigen Weiber von Windsor*
Henry IV, Part II (1597/98) – *König Heinrich IV., Teil II*
Much Ado About Nothing (1598) – *Viel Lärm um Nichts*
Henry V (1598/99) – *König Heinrich V.*
Julius Caesar (1599) – *Julius Caesar*
As You Like it (1599/1600) – *Wie es euch gefällt*
Hamlet, Prince of Denmark (1600/01) – *Hamlet, Prinz von Dänemark*
Twelfth Night, or What You Will (1601) – *Was ihr wollt*
Troilus and Cressida (1602) – *Troilus und Cressida*
Measure for Measure (1603) – *Maß für Maß*
Othello (1603/04) – *Othello*
All's Well That Ends Well (1604/05) – *Ende gut, alles gut*
Timon of Athens (1605) – *Timon von Athen*
The History of King Lear (1605/06) – *König Lear*
Macbeth (1606) – *Macbeth*
Antony and Cleopatra (1606) – *Antonius und Cleopatra*
Pericles (1607) – *Pericles*
Coriolanus (1608) – *Coriolan*
The Winter's Tale (1609) – *Das Wintermärchen*
Cymbeline (1610) – *Cymbeline*
The Tempest (1611) – *Der Sturm*
Henry VIII (1613) – *König Heinrich VIII.*
The Two Noble Kinsmen (1613/14); mit John Fletcher)

Chronologie der Entstehungsdaten nach Stanley Wells/Gary Taylor, William Shakespeare, A Textual Companion, Oxford 1987

Shakespeare's Birthplace: Ob er hier geboren ist, lässt sich nicht mit Gewissheit sagen …

… aber hier stand sein Haus, dieser Boden hat ihn zwischen 1597 und 1616 wirklich getragen: New Place

Stratford – alles nur Theater?

Weil dort Theater gespielt wird wie sonst kaum irgendwo in der Welt, bin ich in den letzten 50 Jahren immer wieder nach Stratford-upon-Avon gefahren. Erst als Student (per Anhalter), besonders häufig in den sieben Jahren, die ich als Journalist und Diplomat in London lebte, schließlich aus Deutschland oft zur *Summer School* im August. Da treffen sich Shakespeare-Fans aus aller Welt jedes Jahr zu »Shakespeare intensiv«: jeden Vormittag zwei Vorträge von Experten, jeden Abend ins Theater, manchmal noch eine Matinee; und wem das nicht genug ist, liest im kleinen Kreis Shakespeare-Stücke mit verteilten Rollen.

Stratford ist ein malerisches Marktstädtchen. In den besten Jahren gab es dort drei Theater, jedes mit seiner ganz eigenen Atmosphäre. Im *Royal Shakespeare Theatre* mit 1400 Plätzen, das 1932 eröffnet wurde, habe ich einen ganzen Tag in »The Plantagenets« gesessen, einer Zusammenfassung der »Rosenkriege«-Stücke. Im *Swan Theatre* nebenan, 1986 mit 430 Plätzen eröffnet, zogen wir den Kopf ein, wenn Titus Andronicus auf der Bühne wütete oder in einer Komödie die Schauspieler das fast zum Greifen nahe Publikum mit Obst bewarfen. Die Studiobühne *The Other Place (TOP)* hatte eine besondere, intime Atmosphäre. Dort habe ich einen *walk about-Caesar* erlebt: Shakespeares »Julius Caesar« wurde mitten im Publikum gespielt. Plötzlich stand Brutus neben mir und ich hätte ihm ins Ohr sagen können: »Lass den Caesar doch heute mal am Leben …«

Um Stratford herum, Warwickshire, ist englisches Kernland – mit Burgen, Stately Homes und idyllischen Dörfern der Cotswolds. Touristen aus Deutschland kommen bequem vom Birmingham International Airport (30 Minuten mit dem Auto) oder von London mit Bus oder Bahn (ab Paddington, über Oxford und Leamington

Spa) dorthin, wo Shakespeare geboren wurde, wo er begraben liegt und wo seine Stücke heute von der *Royal Shakespeare Company* meisterlich gespielt werden.

William Shakespeares Reisen zwischen Stratford und London waren beschwerlicher als heute für Touristen. Als Shakespeare im Londoner Theatermilieu etabliert war, soll er auf seinen Reisen regelmäßig beim Gastwirt Davenant in Oxford abgestiegen sein, für dessen Sohn William Pate gestanden haben – und vielleicht, wie der Schauspieler Sir William Davenant im Vertrauen später angedeutet haben soll, sein leiblicher Vater gewesen sein.

Das ist eine der vielen Legenden, die sich um Shakespeare ranken. Seine Taufe und sein Tod sind kirchenamtlich registriert. Seine Eltern John und Mary, geb. Arden, sind bekannt; auch seine Frau Anne, geb. Hathaway, die er 1582 heiratete, sowie seine Kinder Susanne und die Zwillinge Hamnet und Judith. Es ist zu vermuten, dass er die *Grammar School* in Stratford besuchte. Doch wo er gewohnt und was er – in den *lost years* – getrieben hat, bis er 1592 im Londoner Theatermilieu nachgewiesen werden kann, weiß niemand. War er als Wilderer auf der Flucht, als Schulmeister angestellt, bei einem Aristokraten in Dienst, mit einer Schauspieltruppe unterwegs? Erst 1597, als er sich in Stratford ein großes Haus kauft, *New Place*, wird er an seinem Geburtsort nachweislich ansässig und 1616 dort in der *Holy Trinity Church* begraben.

Die Menschen in Stratford, einem damals etwas verschlafenen Städtchen, haben seinerzeit von Shakespeare wenig, von seiner Tätigkeit in London am Theater noch weniger Notiz genommen. Nach dem Tod seiner Kinder und einer Enkelin gibt es keine direkten Nachfahren des Barden mehr.

Das große, schließlich überschäumende Interesse an Shakespeare ist in Stratford erst spät erwacht; doch heute verteidigen die Leute von Stratford ihren Shakespeare gegen alle Rivalen mit Zähnen und Klauen. Dass Shakespeare je für »Hamlet« den Geist des toten Vaters spielte, ist eine Legende. Doch dass Shakespeares Geist von

Stratford Besitz ergriff, ist offensichtlich. Es geschah langsam, in Schüben. Dass der große Schauspieler und Shakespeare-Darsteller David Garrick 1769 – rund 150 Jahre nach dem Tod des Barden – in Stratford für ihn ein spektakuläres »Jubilee« veranstaltete, machte den Marktflecken für England und weltweit zur Shakespeare-Stadt. Touristen kamen und die Einwohner merkten, dass sich mit Shakespeare Geld verdienen ließ.

Seit Mitte der 60er-Jahre, als ich regelmäßig nach Stratford gefahren bin, oft mehrmals im Jahr, hat Stratford sich sehr verändert. Der Shakespeare-Tourismus hat enorm zugenommen, besonders in seinen kommerziellen Dimensionen. Wenn ich 1965 am kleinen Bahnhof aus dem Londoner Zug stieg, musste ich oft lange telefonieren, um die Dame zu erreichen, die nebenbei das einzige Taxi am Ort betrieb. Heute steht ein halbes Dutzend Taxis am Bahnhof bereit. Damals war es leicht, ein Hotelzimmer oder billig *bed & breakfast* zu finden. Heute strömen im Jahr etwa zweieinhalb Millionen Touristen durch Stratford. In der Saison findet man ohne Vorbuchung schwer Quartier. Restaurants und Pubs sind voller Menschen. Die Preise sind gestiegen, die Souvenirs wurden geschmackloser.

Wenn ich während der *Summer School* im August eine Woche bei meiner *bed & breakfast*-Wirtin wohne, sitze ich morgens mit wechselnden Gästen beim Frühstück: Engländer, Amerikaner, Japaner, Deutsche – Besucher aus vielen Ländern der Welt. Dann frage ich, wie ihnen Stratford gefällt und was sie am Abend zuvor im Theater gesehen haben. Viele sagen dann, Stratford sei »very interesting« – aber fürs Theater hätten sie keine Zeit mehr gehabt.

Sie kommen wegen der Sehenwürdigkeiten, die an Shakespeare erinnern: Sein Geburtshaus in der Henley Street (mit seinem »Geburtszimmer«), die *Holy Trinity Church*, wo er unter seiner Büste begraben liegt, *Hall's Croft*, wo sein Schwiegersohn Dr. John Hall als Arzt praktizierte, *Nash's House,* wo seine Enkelin Elizabeth lebte, nebenan die Gartenanlage, wo sein Haus *New*

Place stand; dazu noch *Anne Hathaway's Cottage* in Shottery, das Haus, aus dem Shakespeares Frau stammt, und das Bauernhaus der Ardens in Wilmcote, aus dem seine Mutter kam. Die Sightseeing-Busse, offene Doppeldecker, sind pausenlos unterwegs, um diese *tourist spots* abzufahren. Dann gilt es, noch Souvenirs zu kaufen. Man muss etwas essen und trinken. Fürs Theater ist keine Zeit mehr; und wenn, könnte es passieren, dass man nach dem ermüdenden Rummel in den bequemen Theaterstühlen rasch einschläft.

Was wird aus Stratford, wenn der *Shakespeare Birthplace Trust* – ein lukratives Treuhand- und Touristikunternehmen – und andere, die im Städtchen das Sagen haben, ganz auf Massengeschmack setzen? Es wäre traurig, wenn Shakespeare-Rummel das Shakespeare-Theater ersetzen sollte.

Ohne dass sie es merken, bringen die Touristen beim Durchlauf der Shakespeare-Denkmalstrecke ihr Theater schon hinter sich: Denn so wie Shakespeare in seinen Dramen immer wieder Sein und Schein mischt – das ist geradezu sein Markenzeichen –, präsentiert auch Stratford seine Denkmäler als eine Show von Fakten und Fiktionen.

Im »Geburtshaus« in der Henley Street ist Will Shakespeare wahrscheinlich nicht zur Welt gekommen, im »Geburtszimmer« schon gar nicht. Die *Holy Trinity Church* ist authentisch. Shakespeares Grab vermutlich auch; aber ob die Büste, die einen behäbigen Bürger zeigt, immer schon mit einer Gänsekielfeder versehen war oder später damit ausgestattet wurde, um einen Poeten vorzuweisen, ist zweifelhaft; ebenso, ob Will die *Grammar School* besuchte. Im Arden-Haus und in *Hall's Croft* kann man sich bestenfalls vorstellen, wie die Menschen zur Zeit seiner Großeltern und dann seines Schwiegersohnes gelebt haben. In der Gartenanlage, wo *New Place* stand, betritt man immerhin Boden, den auch der Barde betreten hat. *Anne Hathaway's Cottage* ist pittoresk herausgeputzt worden und lohnt einen Besuch; schon wegen des Spaziergangs durch die Felder von Stratford nach Shottery.

Haben Will und Anne seinerzeit wirklich auf so einer Bank gesessen, wie sie in *Anne Hathaway's Cottage* in romantischer Verklärung gezeigt wird? Und wenn, haben sie sich hier Liebesworte zugeflüstert? Oder haben sie sich im Spätherbst 1582 eher gefragt, was nun werden soll? Denn Anne war schwanger. Die Hochzeit musste überstürzt angesetzt werden. Im Mai 1583 kam ihre Tochter Susanne zur Welt.

Fühlte sich Will Shakespeare von Anne widerwillig in ein Ehejoch eingespannt? Flüchtete er – und wurde so schließlich zum berühmten Dichter? So wie man von Sokrates sagt, er habe auf den Straßen Athens mit jedermann philosophiert, weil er zu Hause das Gekeife seiner Frau Xanthippe nicht aushielt? Das sind Anekdoten. Niemand weiß, wie Sokrates oder Shakespeare mit Frauen zurechtkam.

Will Shakespeares Mutter Mary kam aus einer begüterten Bauernfamilie, konnte aber vermutlich weder lesen noch schreiben. Wills Tochter Susanne lernte beides und heiratete den Arzt Dr. Hall. Seine Tochter Judith heiratete so unglücklich, dass Shakespeare noch auf dem Sterbebett sein Testament zulasten seines Schwiegersohnes Thomas Quiney änderte. Und sonst? Vage Spekulationen über William Shakespeares Umgang mit Frauen heften sich an kirchenamtliche Eintragungen zur Hochzeit, an sein Testament und an eine kleine Notiz des Studenten Manningham von 1602.

Will und Anne hatten es eilig mit der Hochzeit. Um noch vor der Advents- und Fastenzeit getraut zu werden, in der keine Eheschließungen stattfanden, beantragten sie beim zuständigen Bischof eine Sondergenehmigung, nach einmaliger, nicht erst nach der üblichen dreimaligen Lesung des Aufgebots getraut zu werden. Eine Bürgschaftsurkunde in diesem Zusammenhang für »William Shagspere … und Anne Hathway of Stratford« vom 28. November 1582 ist nachgewiesen, aber für den 27. November eine Heiratslizenz für »Willelmum Shaxpere et Annam Whateley de temple Grafton« (sechs Kilometer von Shottery entfernt). Ein Schreibfehler in der Kanzlei des Bischofs? Oder wollte Will eigentlich eine andere heiraten, und dann musste es die schwangere Anne Hathaway sein? Niemand weiß es.

Anne wird von Will erst wieder aktenkundig gemacht, als er im März 1616 sein Testament schreibt und Anne darin einmal kurz auf merkwürdige Weise erwähnt: »Item I give unto my wife my second-best bed with the furniture.« Nichts als sein zweitbestes Bett für seine Ehefrau? Ist das nicht ein Zeichen böser Geringschätzung? Mehr noch: Rache für eine mühsam ertragene Ehe? Keineswegs. Kenner der damaligen Rechtslage und Sitten weisen nach, dass Witwen gewohnheitsrechtlich Anspruch auf ein Drittel des Grundbesitzes ihres Mannes und Wohnrecht in seinem Haus hatten; das musste nicht im Testament festgehalten werden. Das zweitbeste Bett könnte das Ehebett gewesen sein, das sie für sich sicherstellen wollte. Das beste Bett des Hauses diente oft als Gästebett. Es ist nachgewiesen, dass Shakespeare bedeutende Reisende als Gäste in New Place aufnahm und die Unkosten mit der Gemeinde abrechnete.

Anne Shakespeare starb am 6. August 1623. Im gleichen Jahr erschien die *First Folio* als erste Sammelausgabe von Shakespeares Dramen.

Falls die Ehe schlecht war, hielt Will Shakespeare sich dann im Londoner Theatermilieu schadlos? Am Themseufer, wo sein Theater stand, ging es in Tierkampfarenen, Bordellen und Kneipen locker zu. Obwohl es auch damals Klatsch und Tratsch über Promis und ihre Affären gab, müsste sich die Phantasie um Shakespeare, das Theater und die Frauen an einer einzigen Anekdote entzünden. John Manningham, ein junger Jurastudent, notierte am 13. März 1602 in seinem Tagebuch: Zu der Zeit, als Burbage Richard III. spielte, fand eine Bürgersfrau solchen Gefallen an ihm, dass sie ihn, ehe sie das Theater verließ, einlud, an diesem Abend unter dem Namen Richard der Dritte zu ihr zu kommen. Shakespeare, der die Verabredung mit angehört hatte, war vorher da, wurde empfangen, und während er sich schon vergnügte, kam auch Burbage. Als nun gemeldet wurde, Richard der

Dritte stehe vor der Tür, ließ Shakespeare ihm erwidern, William der Eroberer sei vor Richard dem Dritten gekommen.

Das lässt nicht auf Shakespeare als Casanova schließen. Es ist weniger ein Hinweis auf ein tatsächliches amouröses Abenteuer als ein Wortspiel, wie es Studenten aushecken konnten, denen die Freundschaft zwischen Shakespeare und Burbage bekannt war.

Hat es etwas zu bedeuten, dass Shakespeare in der Anekdote keine Rolle zugeschrieben wird? Stand er in »Richard III.« nicht auf der Bühne, sondern hinter der Bühne – wie es sich für einen Dramatiker gehören würde, der auch als Dramaturg arbeitet? Dass Shakespeare auch selbst auftrat, ist erwiesen; zumindest für Stücke von Ben Jonson. Vermutlich hat er auch den alten Adam in »Was ihr wollt« gespielt. Dass er je Romeo in »Romeo und Julia« gewesen wäre, wie es der reizvolle Film »Shakespeare in Love« zeigte, ist hingegen eine schöne Illusion. Er hätte in Julia ja auch nicht eine Geliebte umarmen können, sondern nur den jungen Burschen, der die Rolle spielte.

War die *Dark Lady* seine Geliebte – die dunkelhaarige, dunkeläugige, kapriziöse Dame mit dem dunklen Teint, die in den Sonetten besungen wird? Sie ist die einzige Frau im Quartett – mit dem Dichter, dem schönen Jüngling und dem Rivalen des Dichters. Die Lady ist nicht klassisch schön, aber hübsch – und treulos. Dass Shakespeare bei ihr auf die Dauer sein Liebesglück gefunden hätte, ist unwahrscheinlich.

Hexenwerk

»Und treibt mit Shakespeare euern Spuk*
mit Rätselkram, mit Mord und Trug?«

* im Original: Macbeth (III/5)

Shakespeare – oder wer sonst?

So viele Erinnerungsstücke an Shakespeare in Stratford – und kein endgültig schlüssiger Nachweis, dass dieser Mann der größte aller Dichter und Dramatiker war, den Millionen von Menschen seit 400 Jahren bewundern und feiern. So viele Dramen, so viel unsterbliche Dichtung von Shakespeare – und kein Fetzen Manuskript von seiner Hand; nur zweifelhafte Unterschriften. Könnte es sein, dass der Mann aus Stratford, der im Londoner Theatermilieu eine Rolle spielte, gar nicht der gefeierte Dichter und Dramatiker war?

Auch im Film »Shakespeare in Love« fragt Viola den Mann, den sie aus dem Theater kennt, vorsichtshalber, ob er der Verfasser der Stücke von William Shakespeare sei. Als er sagt, er sei es, fallen sie sich in die Arme. So leicht geben sich viele Zweifler nicht zufrieden. Nicht wenige scharfsinnige Menschen zeigen sich überzeugt, dass der Stratforder Shakespeare nicht Shakespeares Werke geschrieben habe.

Shakespeare – ein Mythos? Droht Entlarvung, eine Katastrophe, der Zusammenbruch von Shakespeares Wunderland? Keine Sorge. Das Rätselraten um Shakespeare tut dem Werk keinen Abbruch – das tun Regisseure, die das Werk in Stücke reißen, neu zusammenkleistern, viel Eigenes, oft Ungereimtes, beimischen, um dann mit dem Markenzeichen Shakespeare Kasse zu machen. Vom unverfälschten Shakespeare können wir uns – im Buch, auf der Bühne, im Film – weiter faszinieren lassen. Niemand muss fürchten, einer gigantischen Fälschung aufzusitzen, gegen die »Hitlers Tagebücher« als Lappalie erscheinen würden. Und falls uns jemand das Vergnügen an »Shakespeares Welt« mit Sticheleien vergällen will – er habe gehört, die Stücke seien gar nicht von Shakespeare –, dann kann man, wenn man sich nicht auf Diskussionen einlassen will, einfach sagen: »Das macht doch nichts!«

Eindringlich und mit vollem Recht weist der englische Professor Frank Kermode als führender Shakespeare-Experte darauf hin, dass wir unter »Shakespeare« nicht irgendein halbgöttliches Individuum verstehen oder verstehen sollten, sondern die Gesamtheit der Stücke, die wir übereinstimmend mit dem Namen Shakespeare belegen. Kermode denkt zunächst daran, wie diese Stücke schon zur Shakespeare-Zeit in unterschiedlichen Textversionen mit einer Fülle von Druckfehlern veröffentlicht und seither noch viel herumgestoßen wurden. Doch weitergehend gilt, dass wir uns ohne Bedenken und mit Vergnügen auf »Shakespeare« einlassen können, auch wenn andere zum Werk beigetragen haben; sogar, falls er nur ein Strohmann für andere Dichter gewesen sein sollte.

Niemand zweifelt, dass es William Shakespeare aus Stratford-upon-Avon gegeben hat. Taufe und Tod sind dort in der *Holy Trinity Church* getreulich registriert worden. Dass er in Stratford eine Frau und drei Kinder hatte, Haus und Hof, Freunde und Rechtsstreitigkeiten, dass er in London im Theatermilieu tätig war, ist alles ausreichend dokumentiert. Die Zweifel, dass dieser Mann die unsterblichen Werke geschaffen hat, nähren sich aus zwei Vorbehalten:

Erstens, ob dieser Stratforder Shakespeare die umfassende Bildung hatte, die den Werken so wunderbar Struktur und Stil gibt. Wie sollte er als Sohn kleiner Leute, die kaum lesen und schreiben konnten, mit griechischen und lateinischen Autoren vertraut geworden sein? Wie konnte er in seinen Werken mit Fachkenntnissen in Jura und Medizin, von Hofleben, Falkenjagd und Militärdienst, aus Kräuterkunde, Seefahrt und vielen anderen Lebensbereichen so prunken, dass Spezialisten der jeweiligen Bereiche es heute noch in hohem Maße bewundern?

Zweitens, ob dieser Stratforder Shakespeare aus eigenem kritischem Erleben die poetische Kraft schöpfen konnte, einen Hamlet oder einen Lear, eine Lady Macbeth oder eine Rosalinde zu gestalten? Goethe rang sein Leben lang mit dem »Faust«, Hermann Hesse gebar seine Romane in Lebenskrisen und Christa Wolf sagt, sie könne nur aus eigenem Erleben schreiben: nichts, was nicht durch sie selbst hindurchgegangen sei. Von erschütternden Erlebnissen Shakespeares oder einem Ringen mit seinen Gestalten wissen wir nichts.

Goethe führte über sein Leben und Werk sorgfältig Protokoll. Wir wissen, wann und wo er »Über allen Gipfeln ist Ruh …« schrieb und welche junge Frau ihn zu seinen letzten Elegien inspirierte. Bei Shakespeare lässt sich keine solche Verbindung von Leben und Werk feststellen oder herstellen.

Gefolgsleute des Stratforder Shakespeare haben auf alle Zweifel eine einfache Antwort: Der Mann war ein Genie! Und einem Genie muss man doch wohl eine künstlerische Kraft sondergleichen zubilligen und auch zutrauen dürfen, Bildung und Faktenwissen wie durch Osmose aufnehmen zu können.

Dabei könnte man es bewenden lassen. Die Besserwisser tun es nicht. Sie führen Zeitgenossen ins Feld, denen sie viel eher als dem »Landlümmel aus dem Drecknest Stratford« (so der Theaterkritiker Alfred Kerr) zutrauen, das Shakespeare-Werk geschaffen zu haben; etwa 60 Kandidaten, einzeln oder als Gruppe, sind im Spiel.

Wenn William Shakespeare aus Stratford nicht der große Dichter und Dramatiker gewesen sein sollte – wer dann? Vielleicht ein Adliger mit hoher Bildung, intimer Kenntnis von Hof- und Militärdienst, dazu von poetischer Kraft, der mit seinen Schöpfungen nicht in eigenem Namen hervortreten wollte? Theaterstücke zu schreiben, brachte keinen Ruhm. Und in den unruhigen Zeiten nach Heinrich VIII., unter der Regierung von Maria, der Katholischen, von Elisabeth I. und Maria Stuarts Sohn Jakob I., mit religiösen und politischen Spannungen, Spitzeleien, Intrigen und Verfolgungen, konnte man sich mit Theaterstücken leicht Feinde machen.

In England war Francis Bacon (1561–1626) als hoch gebildeter Philosoph und Staatsmann ein Zeitgenosse William Shakespeares; einer, der schon mit zwölf Jahren an die Universität Cambridge ging und sich beklagte, die Professoren könnten ihm nichts mehr beibringen; einer, der gewillt war, die gesamte antike und moderne Bildung in sich aufzunehmen, in einem ehrgeizigen Großprojekt zu überprüfen und die Naturwissenschaften auf neue Ziele hin zu orientieren. »Wissen ist Macht« war sein Motto. Damit wurde er zum Begründer einer empiristischen Philosophie. Als Advokat und Politiker war er Abgeordneter im Unterhaus, Großsiegelbewahrer und Lord-Kanzler. Ein Geistesfürst mit praktischer Veranlagung und Lust an Experimenten. Schließlich soll er einer Erkältung erlegen sein, die er sich zuzog, als er ein Huhn mit Schnee ausstopfte, um es zu konservieren.

Hat er Shakespeares Werk geschrieben, neben seinen eigenen philosophischen Werken? Einmal unter Verdacht, forschten die »Baconianer« nach Beweisen. Was fanden sie? Dass Bacon vermutlich homosexuell und Päderast war; so konnte man ihm die androgynen Typen in manchen Shakespeare-Stücken wohl zutrauen: junge Burschen in Frauenrollen, die sich nicht selten – wie Portia, Rosalinde und Viola – als Männer verkleideten; ebenso die Autorschaft der homoerotischen Freundschaft von Antonio und Bassanio im »Kaufmann von Venedig« und ganz besonders die erotischen Epen »Die Schändung der Lucretia« und »Venus und Adonis«. Diese Epen sind dem Grafen von Southampton gewidmet; etwa als schmerzlicher Tadel, falls dieser schöne Jüngling sich Bacon verweigert hätte – wie sich Adonis der Venus entzog?

Die »Baconianer« wollen in Shakespeares Werken auch Hinweise in Bacons Geheimschrift entdeckt haben, beispielsweise den Satz: »Königin Elisabeth ist meine wirkliche Mutter und ich bin der rechtmäßige Thronerbe.« Das wurde flugs als Bestätigung vager Spekulationen aufgefasst, dass Elisabeth I. – als Maria, die Katholische, sie im Tower gefangen hielt – heimlich Graf Leicester geheiratet und zwei Söhne zur Welt gebracht habe; Sohn Francis sei dann von den Bacons adoptiert worden.

Auch Amerikaner griffen ein, um Bacon als Shakespeare zu identifizieren: Die Missionarstochter Delia Bacon ließ sich in der *Holy Trinity Church* in Stratford einschließen, um dort das Shakespeare-Grab zu öffnen; das misslang, und sie endete in Wahnvorstellungen, sie selbst sei eine direkte Nachkommin des großen Francis Bacon. Der Arzt Orville Owen will Mitteilungen von Bacons Geist empfangen haben und ließ daraufhin 15 Jahre lang in England mit umfangreichen Erdarbeiten nach Bacons Shakespeare-Manuskripten graben; vergeblich.

Während sich die Sache der »Baconianer« in spiritistische und andere Merkwürdigkeiten verstieg – auch Sigmund Freud, der nicht an den Stratforder Shakespeare glauben wollte, wandte sich davon ab –, wurden andere Kandidaten ins Feld geführt. Es ging – und geht immer noch – dabei so ähnlich zu, wie es der melancholische Philosoph Jacques in »Wie es euch gefällt« beschreibt:

All the world's a stage,
and all the men and women merely players,
They have their exits and their entrances …

Die ganze Welt ist eine Bühne
und all die Männer und Frauen sind nur Spieler,
sie haben ihren Abgang und den Auftritt …

Für die Suche nach dem wahren Shakespeare gilt dann:

Der ganze Shakespeare ist die Bühne
und all die Kandidaten sind nur Spieler:
Sie haben ihren Abgang und den Auftritt …

War's vielleicht Edward de Vere, 17. Graf von Oxford (1550–1604), gebildeter Jurist, weit gereist, viel Umgang mit Literaten, Herr einer eigenen Theatergruppe – und vor allem mit einem Schicksal fast wie Hamlet: Als er zwölf ist, stirbt sein Vater; er verübelt seiner Mutter, dass sie bald wieder heiratet, und hasst seinen Vormund Lord Burghley – als dessen Spottbild der Oberkämmerer Polonius in der »Hamlet«-Tragödie erscheinen kann. Diese Konstellation fand Freud psychoanalytisch für Oxford = Shakespeare sehr überzeugend. Es kommt hinzu, dass vom Grafen überliefert wird, er habe das Bett seiner Frau gemieden, sei aber durch eine List doch dazu gebracht worden, mit ihr zu schlafen – genau wie Bertram in »Ende gut, alles gut«! Schließlich hatte er eine Geliebte, die als *Dark Lady* in die Sonette passen könnte; und hätte er die Sonette geschrieben, spräche er damit wohl den jungen Grafen Southampten an, der gedrängt wurde, Graf Oxfords Tochter Elisabeth zu heiraten.

Das Blindekuhspiel »Eins, zwei, drei – wer ist der Shakespeare?« führt durch bedeutende Schlösser des englischen Adels um 1600. Die Suche sollte sich gut verfilmen lassen; vielleicht als Tragikomödie. Der englische Autor John Mitchell, dessen Buch »Wer schrieb Shakespeare?« als Reiseführer für eine solche Tour und als Sittenspiegel damaliger Umstände dienen könnte, liefert auch diese Anekdote mit: Dem Grafen von Oxford widerfuhr es, dass ihm, als er Königin Elisabeth eine tiefe Verbeugung entbot, ein Furz entwich, dessen er sich so fassungslos schämte, dass er sieben Jahre auf Reisen ging. Bei seiner Rückkehr hieß ihn die Queen in der Heimat willkommen und sprach: »My Lord, den Furz hab ich schon vergessen.«

Selbst wenn der Graf von Oxford ein persönliches Schicksal hatte, das an den Dänenprinzen Hamlet erinnert, so machen die Gefolgsleute von Roger Manners, 5. Graf von Rutland (1576–1612), für ihren Protagonisten als wahren Shakespeare neben dessen hoher Bildung geltend: Er war tatsächlich in Helsingör! Also hätte keiner Hamlets Tatort so authentisch beschreiben können wie er.

Wenn Ortskenntnis bei der Shakespeare-Suche gefragt ist, fühlt sich die Gefolgschaft von William Stanley, 6. Graf von Derby (1561–1642) – studiert, weit gereist, mit den Initialen W. S. wie William Shakespeare –, in einer starken Position: Dieser Graf war sehr wahrscheinlich am Hof von Navarra (in Nérac, südöstlich von Bordeaux) zu Besuch – und niemand anders hätte »Liebes Leid und Lust« schreiben können, das dort spielt! Doch kaum freuen sich die »Stanleyisten« ihres Triumphs, da melden die »Baconianer«, auch Anthony Bacon sei am Hof von

Navarra gewesen, jahrelang, und habe von dort seinem Bruder Francis alle Informationen geben können, um »Liebes Leid und Lust« zu schreiben.

So läuft die Suchaktion im Kreise – und Dutzende von Kandidaten stehen noch im Felde. Vor allem Christopher Marlowe (1564–1593), ein großer Dramatiker dieser Zeit (»The Jew of Malta«, »Doctor Faustus«). Marlowe wurde gemäß amtlicher Version nach einem Gelage bei einer Messerstecherei ermordet – nicht wegen schlechter Verse, sondern wegen seiner Verstrickungen in Spitzel- und Agententätigkeit; aber könnte sein Tod nicht vorgetäuscht worden sein? Könnte ihn ein Gönner nicht in sein Schloss geholt haben, damit er in Ruhe »Shakespeares Werke« schreibe?

Die spannende, aber erfolglose Fahndung nach dem Mann (oder der Frau?), der Shakespeare war, lässt zwei halbwegs logische Auflösungen zu: Entweder war in einem »Shakespeare Project« seinerzeit eine Gruppe gebildeter, poetisch begabter Briten tätig, vor allem miteinander verwandte oder sonst durch Affären verbundene Adlige, mit dem theaterkundigen William Shakespeare als einer Art geschäftsführender Sekretär oder poetischer Promotor der Gruppe in London. Oder William Shakespeare aus Stratford war ein genialer Dramatiker und Dichter, dessen Ruf es auch nicht mindert, wenn mit Sicherheit andere Autoren zu einigen Shakespeare-Stücken beigetragen haben.

Als die Deutsche Shakespeare-Gesellschaft im April 2002 ihre Jahrestagung unter den Titel »Autor und Autorität« stellte, stand dahinter die Trivialfrage, die sich Wissenschaftler nie antun würden: Wer schrieb Shakespeares Werke? Kann die Wissenschaft die ungestellte Frage beantworten? Der neue Präsident der deutschen Shakespearianer, Prof. Andreas Höfele, gab sich bescheiden: Der »Aura des Geheimnisvollen«, die Shakespeare umgebe, sei wissenschaftlich nicht beizukommen.

Dass Shakespeare, mit seinen Stücken ein Meister von Sein und Schein, selbst nicht mit letzter Gewissheit zu fassen ist, gibt dem Barden einen besonderen Reiz; das passt in unsere zunehmend virtuell orientierte Zeit mit ihren neuen, seltsamen Mythen. Dieser Hauch von Unsicherheit lässt jedem von uns die interessante Wahl, wie wir es mit Shakespeare halten wollen.

Die meisten von uns werden sich weiter im Shakespeare-Land tummeln, ohne viel zu fragen, wer es angelegt hat; Shakespeare aus Stratford oder andere unter diesem Namen. Shakespeare-Land ist und bleibt ein hoch kultivierter Vergnügungspark; Klassik mit Kick.

Wer zusätzlich einen kriminalistischen Kick haben möchte, kann sich in die Fahndung nach dem wahren Shakespeare einschalten. Ein spannendes Unternehmen. Forschen und Spekulieren auf den Spuren von Will und anderen Kandidaten – wie die Mainzer Professorin Hildegard Hammerschmidt-Hummel, die schon die Identität von Shakespeares Totenmaske und der *Dark Lady* seiner Sonette aufgedeckt haben will; dazu seine *Samisdat*-Tätigkeit für den Katholizismus während der Zeit religiöser Umwälzungen in England. Man kann auch gut und gerne auf einen anderen Kandidaten als Shakespeare setzen, einen Favoriten wie den Grafen von Oxford oder einen Außenseiter; wer das Spiel ernstlich betreibt, wird – auch wenn er den wahren Shakespeare nicht findet – zumindest viel englische Geschichte kennen lernen.

Schließlich lassen sich die Shakespeare-Stücke je nach Zeitströmungen und Interessenlagen von ganz unterschiedlichen gesellschaftlichen Standpunkten her interpretieren; etwa »Der Sturm« als Schwanengesang des Dichters in Gestalt des Prospero oder als kolonialistisches Problemstück aus einer Zeit, als England eben erst begonnen hatte, sich als Kolonialmacht aufzubauen.

Aus feministischer Perspektive wird seit einigen Jahrzehnten der Versuch unternommen, Shakespeare neu zu lesen, den Barden als frühen Feministen zu entdecken, neue Erkenntnisse über Geschlechterrollen seiner Zeit auf der Bühne und in der Gesellschaft zu gewinnen und damit auch auf Theater und Gesellschaft unserer Zeit einzuwirken. Das erbrachte interessante Ergebnisse.

Alles Männer – oder was?

In Shakespeare-Land kommt selten Langeweile auf. Der Barde liebt Überraschungseffekte; gelegentlich auf kuriose Weise: Mitten im dramatischen Geschehen lässt er Schauspieler aus ihrer Rolle springen. Sie sind dann nicht mehr Brutus, Cassius oder Cleopatra, sondern sie selbst und reflektieren ihre Rollen.

In »Julius Caesar« gleich nach dem Mord. Die Verschwörer stehen beisammen, tauchen ihre Hände und Arme in das Blut des Opfers. Da gibt Cassius – von dem Caesar schon gesagt hatte, er denke zu viel – zu erwägen:

»In wie entfernten Zeiten
Wird man dies hohe Schauspiel wiederholen
In Staaten und in Sprachen, die heut noch unbekannt …«

Und Brutus, den Gedanken weiterdenkend, fügt hinzu:

»Wie oft wird Caesar noch zum Spiele bluten,
Der jetzt am Fuß von Pompejus' Säule liegt.«

Ein raffiniertes Spiel des Barden mit den Zeiten! Mit seinem »jetzt« *(now)* nimmt Brutus in Anspruch, dass der Mord, den er gegen spätere Schauspiele absetzt, jetzt real ist, in Echtzeit – obwohl jeder im Publikum weiß, dass es nicht so ist. Cassius' Prophezeiung, dass dies Attentat noch lange gespielt werde, in unbekannten Ländern und Sprachen, hat sich längst erfüllt. Shakespeare muss für eine solche Vorhersage viel Vertrauen in sein Stück gehabt haben.

In »Antonius und Cleopatra« wütet Cleopatra im Augenblick höchster Dramatik, kurz vor ihrem Selbstmord:

»Ich soll ansehen, wie
Irgendein Junge als Cleopatra kreischend
In einer Hure Haltung meine Größe
Verspottet?«

Sie münzt das auf den Triumphzug, in dem Octavian sie in Ketten durch Rom führen will. Das Publikum weiß, dass dies tatsächlich ein Junge spricht, denn alle Frauenrollen wurden damals von Jungen vorm Stimmbruch gespielt – und wenn er einen schlechten Tag hatte, spielte er Cleopatra vielleicht »kreischend in einer Hure Haltung«. Spottet der Barde damit über die Tradition von Jungen in Frauenrollen? Sähe er seine Frauen lieber und authentischer von Frauen gespielt?

Im Film »Shakespeare in Love« greift Viola die Wut der Cleopatra auf und klagt:

> *»Bühnenliebe wird nie echte Liebe sein, solange das Gesetz verlangt, dass unsere Heldinnen von kreischenden Jungen in Unterröcken gespielt werden.«*

Viola ändert das. Sie steht im Film als Julia neben Romeo auf der Bühne. Diese Liebe wirkt so echt, dass Königin Elisabeth I. als Zuschauerin entscheidet: *Yes* – echte Liebe kann auf die Bühne gebracht werden! Shakespeare, der darauf 50 Pfund gegen Lord Wessex setzte, hat gewonnen.

Noch in Shakespeares Jahrhundert, 1662, wurde das Gesetz geändert und Jungen verboten, Frauenrollen zu spielen. Seitdem spielen Frauen ihre Rollen selbst; und immer öfter auch Männerrollen – bis zu Angela Winkler in unseren Tagen als gefeierter Hamlet oder früher schon Marianne Hoppe als König Lear.

War das nun das Ende des »Männertheaters«, von dem Shakespeare-Expertin Ina Schabert sagt, das sei »das Theater der Shakespeare-Zeit« gewesen?[17] Nein. Auch Theaterbesitzer und Theatermanager waren Männer – und vor allem die Stückeschreiber. Konnten sie sich beim Schreiben in Leib und Seele von Frauen versetzen – zumals sie auch berücksichtigen mussten, was sie Knaben in Frauenrollen stimmlich überhaupt zumuten konnten?

Können Männer je angemessene Rollen für Frauen schreiben? Oder warteten etwa die Rollen, die Shakespeare für Frauen schrieb, immer schon geradezu darauf, von Frauen ausgefüllt zu werden? Der Barde führte eine lockere Feder im Umgang mit maskulinen und femininen Charakteristika. Immer wieder ließ er seine androgynen Typen munter über die Geschlechtergrenze springen; vorwärts und rückwärts, dass Michael Jackson vor Neid erblassen müsste. Die Meinungen, wie viel weibliches Gefühl Shakespeare zuzutrauen ist, sind geteilt.

Es gibt wenig Zweifel, dass das Drama zwischen 1590 und 1625 »feminist in sympathy« war, wie Juliet Dusinberre meint.[18] Shakespeares feministische Sympathien waren vermutlich kaum stärker als die anderer zeitgenössischer Dramatiker. Aber der Barde konnte Gedanken und Gefühle einprägsamer zum Ausdruck bringen als andere Dramatiker. Seine »invention of the human« (Harold Bloom) bedeutete, dass auch Frauen nicht mehr schablonenhaft dargestellt wurden, sondern als Individuen auftraten. Sie muckten gegen väterliche Heiratsvorschriften auf wie Hermia im »Sommernachtstraum« oder gegen unbedingtes Keuschheitsgebot wie Emilia in »Othello«. Von einer vollen Emanzipation blieben sie noch weit entfernt. Dafür war die Gesellschaft längst noch nicht reif.

Andererseits ist offensichtlich, dass Männer die meisten Shakespeare-Dramen dominieren oder zu dominieren scheinen; nicht, weil sie bessere Menschen wären, sondern weil sie als Könige oder Krieger in der Realität und also auch auf der Bühne beherrschende Rollen haben. Sie füllen viele Szenen mit Waffenlärm. In »Heinrich V.« wird das Publikum aufgerufen, sich ganze Heere mit stampfenden Pferden und flatternden Fahnen vorzustellen. Doch es ist typisch für Shakespeare, dass er funkelnde Krieg-und-Sieg-Bilder immer wieder bricht: mit tragischen Momenten, wenn im Bürgerkrieg ein Vater seinen Sohn und ein Sohn seinen Vater erschlägt; durch Falstaff, Shakespeares ureigene Schöpfung, der in derber Deutlichkeit sagt, wie wenig von der Ehre zu halten sei, um die Krieg geführt wird; durch Thersites, der in »Troilus und Cressida« Hohn und Spott kübelweise über antike Helden gießt.

War der Barde denn nun Militarist oder Pazifist, Macho oder Feminist? Nichts in diesen extremen Positionierungen. Er war ein Dramatiker, der mit hoher Kunst beide Lager vorführte, beide Seiten von Problemen zeigte. Auch für einen Richard III. oder eine Lady Macbeth verstand er beim Publikum noch Sympathien einzuwerben; wenigstens Mitleid.

Unsere Gesellschaft und die Rolle der Geschlechter haben sich seit Shakespeares Tagen wesentlich verändert; auch mithilfe von Dramatikern und Schauspielern. Der Feminismus hat im Theater, auch in Shakespeare-Stücken, seine Wirkung entfaltet; besonders in den letzten Jahrzehnten. Und noch immer bieten seine Dramen unausgeschöpften Spielraum, um Shakespeares starke Frauen stärker ins Licht zu rücken und sie auf die Gesellschaft wirken zu lassen.

Anmerkungen

[1] Christine Brückner, *Wenn du geredet hättest, Desdemona,* Hamburg 1983, S. 28 ff.
[2] Ina Habermann, *King Richard the Third,* in: Shakespeare-Handbuch, Stuttgart 2000, S. 346.
[3] Heinrich Heine, *Shakespeares Mädchen und Frauen,* London 1836, S. 86.
[4] Sabine Schülting, *Timon of Athens,* in: Shakespeare-Handbuch, Stuttgart 2000, S. 573.
[5] Werner von Koppernfels, *Antonius und Cleopatra,* in: Shakespeare-Handbuch, Stuttgart 2000, S. 518.
[6] Manfred Pfister, *Love's Labour's Lost,* in: Shakespeare-Handbuch, Stuttgart 2000, S. 402.
[7] Frank Kermode, *Shakespeare's Language,* London 2000, S. 281.
[8] Romana Beyenburg, *Die Frauen in Shakespeares späteren Stücken – Text und Aufführung,* Trier 1995, S. 143 ff.
[9] Romana Beyenburg, a.a.O., S. 156.
[10] Manfred Pfister, *As you like it,* in: Shakespeare-Handbuch, a.a.O., S. 430.
[11] Jan Kott, *Das Geschlecht Rosalindes,* in: Merkur, Stuttgart, April 1996, S. 311.
[12] Jan Kott, a.a.O., S. 307 ff., S. 319.
[13] Irene G. Dash, *Wooing, Wedding and Power: Women in Shakespeare's Plays,* New York 1981, S. 35 ff.
[14] Juliet Dusinberre, *Shakespeare and the Nature of Women,* London 1996, S. 108/110.
[15] Jean E. Howard and Phyllis Rackin, *Gender and Nation: Anticipations of Modernity in the Second Tetralogy,* S. 100–102; in: Chedyzoy, Kate, Shakespeare, Feminism and Gender, London 2001.
[16] *Samuel Pepys Diary, 23 February 1669*; zitiert nach John Julius Norwich, Shakespeare's Kings, London 1999, S. 202.
[17] Ina Schabert, *Männertheater;* in: Shakespeare Jahrbuch, Bochum, Band 134/1998, S. 11 ff.
[18] Juliet Dusinberre, a.a.O., S. 5.

Übersetzungen überwiegend nach Schlegel/Tieck sowie nach Fried.

Genutzte und empfohlene Literatur

Barker, Deborah/Kamps, Ivo (Hrsg.): Shakespeare and Gender: A history, London, New York 1995.

Beyenburg, Romana: Die Frauen in Shakespeares späten Stücken – Text und Aufführung, Trier 1995.

Bloom, Harold: Shakespeare, The Invention of the Human, New York 1998.

Bodenstedt, Friedrich: Shakespeare's Frauencharaktere, Berlin 1874.

Breitenstein, Rolf: Othello, Hamlet & Co., München 1998.

Browning, D. C. (Hrsg.): Dictionary of Shakespeare Quotations, London 1961.

Brückner, Christine: Wenn du geredet hättest, Desdemona – Ungehaltene Reden ungehaltener Frauen, Hamburg 1983.

Callaghan, Dympna: A Feminist Companion to Shakespeare, Melden/USA, London 2001.

Chedyzoy, Kate (Hrsg.): Shakespeare, Feminism and Gender, London 2001.

Dash, Irene G.: Wooing, Wedding and Power: Women in Shakespeare's Plays, New York 1981.

Dusinberre, Juliet: Shakespeare and the Nature of Women, London 1996 (1975[1]).

Dreher, Diane Elizabeth: Domination and Defiance, Fathers and Daughters in Shakespeare, The University Press of Kentucky 1986.

Fancit, Helene: Lady Martin, On some of Shakespeare's Female Charakters, Edinburgh, London 1887.

Heine, Heinrich: Shakespeares Mädchen und Frauen, London 1836.

McGuire, Philip C.: Speechless Dialect – Shakespeare's open Silences, Berkeley, Los Angeles 1985.

Kermode, Frank: Shakespeare's Language, London 2000.

Kott, Jan: Shakespeare heute, München 1970.

Michell, John: Wer schrieb Shakespeare?, London 1996.

Schabert, Ina (Hrsg.): Shakespeare-Handbuch, Stuttgart 2000.

Schafer, Elizabeth: Ms-Directing Shakespeare, Women Direct Shakespeare, New York 2000.

Schoenbaum, Samuel: Shakespeare's Lives, Oxford 1970.

Schuenke, Christa: Shakespeare, Die Sonette (zweisprachige Ausgabe), München 1999.

Vollmann, Rolf: Shakespeares Arche, Ein Alphabet von Mord & Schönheit, Frankfurt 1997.

Adressen

Deutsche Shakespeare-Gesellschaft e. V.
Gegründet 1864 in Weimar, ca. 2000 Mitglieder, veranstaltet jährliche Shakespeare-Tage in Weimar und Bochum, veröffentlicht »Shakespeare-Jahrbuch« mit Vorträgen, Aufsätzen, Bücher- und Theaterschau.

Windischenstr. 4–6, 99423 Weimar, Tel. 0 36 43/90 40 76

Shakespeare-Bibliothek in Weimar
Mit Gründung der Deutschen Shakespeare-Gesellschaft in Weimar ins Leben gerufen, 1993 an Herzogin-Anna-Amalia-Bibliothek überstellt. Älteste Shakespeare-Bibliothek auf dem Kontinent, Schwerpunkt ältere Shakespeare-Ausgaben und deutsche Übersetzungen.

Platz der Demokratie, 99423 Weimar, Tel. 0 36 43/54 52 00

Shakespeare Bibliothek in München
Gegründet 1964 von W. Clemen, allgemein zugänglich, Literatur zu Shakespeare und seiner Zeit. Schwerpunkt Shakespeare-Rezeption in Deutschland, ca. 18 000 Bücher, 9500 Aufsätze sowie Videos, Tonbänder und Diaserien.

Institut für Englische Philologie der Universität München, Schellingstr. 3, 80799 München, Tel. 0 89/21 80 33 58

The Shakespeare Centre in Stratford
Informationszentrum über Shakespeare, u. a. öffentlich zugängliche Bibliothek mit Archiv der Royal Shakespeare Company (Aufführungsfotos, Regiebücher etc.). Unter gleicher Adresse **The International Shakespeare Association,** gegründet 1974. Verbindungsglied zwischen den Shakespeare-Gesellschaften in verschiedenen Ländern, Planung internationaler Shakespeare-Kongresse, »Occasional Papers« und Kongressbeiträge.

Henley Street, GB-Stratford-upon-Avon CV37 6QW, Tel. 00 44/17 89-20 40 16

Globe Centre/Globe Theatre London
1996 als Nachbau von Shakespeares Globe Theatre an der Themse eröffnet. Außer Theateraufführungen umfangreiches Programm zur Einführung in das Theaterleben der Shakespeare-Zeit.

New Globe Walk, Bank Side, GB-London SE1,
Tel. 00 44/1 71–9 28 64 06

Folger Shakespeare Library
Eröffnet 1932, Stiftung von Henry Clay Folger, einmalige Privatsammlung von frühen und seltenen Shakespeare-Ausgaben, u. a. 79 First Folios, an die 105 Quartos.

201 East Capitol Street, S. E., Washington, D. C. 20003, USA

Globe-Theater in Neuss
Zwölfeckiger Theaterbau, Holz-Stahl-Konstruktion für 600 Zuschauer, dem Londoner »Globe« nachempfunden.

Kulturamt der Stadt Neuss, 41472 Neuss, Tel. 0 21 31/90 41 11

bremer shakespeare company
Gegründet 1983 von sieben Schauspielerinnen und Schauspielern, setzt sich kontinuierlich mit Shakespeares Werk auseinander, gibt Gastspiele im In- und Ausland, inszeniert fürs Fernsehen.

Theater am Leibnizplatz, Postfach 10 66 65, 28066 Bremen,
Tel. 0 40/50 03 33

Nachwort

Der Autor dankt allen Lesern für ihr Interesse, die im Buch bis hierher gekommen sind, und wünscht jenen, die in Büchern erst hinten nachschauen, wie es ausgeht, einen guten Start. Mein besonderer Dank gilt Dr. Ingeborg Boltz, Leiterin der Shakespeare-Bibliothek, München, für unermüdliche Hilfe bei der Materialbeschaffung und vielen guten Rat; sowie den emeritierten Professoren (und ausgewiesenen Shakespearianern) Dr. Werner Habicht, Dr. Dieter Mehl und Dr. Wolfgang Weiß für gute Anregungen und Hinweise auf Fehler im Manuskript. Was an Irrtümern verblieben sein mag, geht zulasten des Autors.